Brigitte Heinrich

Landfrauen kochen

Traditionsrezepte aus Württemberg

53 Farbfotos von Erich Kuch

Ulmer

Inhaltsverzeichnis

Flachsernte im Hohenloher Freilandmuseum.

Die Fotos wurden in den Freilandmuseen von Schwäbisch-Hall-Wackershofen und Bad Windsheim aufgenommen.

Linke Seite: Ein deftiger Wurstsalat gehört zum Vesper. Rezepte Seite 118 und 121.

Nächste Seite: Das Kochen auf dem Herdfeuer war ehemals nicht so einfach wie es auf dem Gas- oder Elektroherd ist.

Vorwort

Die Frage nach einer ausgewogenen und vollwertigen Ernährung ist heute in aller Munde, und niemand bestreitet deren Bedeutung für unsere Gesundheit. Im Zuge der vielfältigen Einflüsse aus dem internationalen Bereich und in Folge des großen Angebots an Nahrungsmitteln aus aller Herren Länder, aber auch als Auswirkung modernster Küchengeräte und Konservierungsmethoden haben sich auch die Eßgewohnheiten auf dem Land vollständig verändert. Kein vernünftiger Mensch wird dies bedauern. Aber wer denkt nicht gelegentlich mit Wehmut oder Ehrfurcht an die alten Zeiten. Dabei kommen immer wieder auch Diskussionen um die Koch- und Eßgewohnheiten der vor uns lebenden Generationen ins Gespräch, und es kann leicht sein, daß im Rahmen der allgemeinen Nostalgiewelle hier Vorstellungen entstehen, die so nicht zutreffen.

Deshalb ist dieses Büchlein entstanden, denn auch Rezepte sind ein Kulturgut, das man erhalten sollte. Es ist wichtig, sich zu erinnern und das Wissen um Althergebrachtes vor dem Vergessen zu bewahren. Die Älteren unter den Leserinnen und Lesern werden vieles auch so erlebt haben, wie ich es im Einführungskapitel berichte, und die Jüngeren erfahren beim Lesen manches über eine Zeit, die gerade erst fünfzig Jahre zurückliegt.

Die von mir beschriebene Region ist die Schwäbische Alb. Es mag sein, daß in den von der Natur begünstigteren Gegenden wie in der Hohenloher Ebene oder im weinreichen Neckartal üppiger gekocht werden konnte, manche Rezepte aus dieser Gegend lassen darauf schließen.

Es geht bei diesem Büchlein nicht um eine vollständige oder gründliche kulturgeschichtliche Dokumentation, sondern um eine kleine Sammlung, und bei den Rezepten geht es nicht um eine aufwendige Feinschmeckerküche. Selbst die Festmenüs unserer Großeltern und Urgroßeltern waren oft bescheidener als unsere heutigen Alltagsmahlzeiten.

Meine Information verdanke ich in erster Linie meiner Schwiegermutter, mit der ich in deren hohem Alter auf mehreren Kassetten frühere Lebensgewohnheiten und Bräuche aufgenommen habe. Auch einige betagte Frauen aus meiner Heimatgemeinde Suppingen und der Nachbargemeinde Seißen haben mir bei der Zusammenstellung dieses Büchleins geholfen und aus ihren Erinnerungen berichtet.

Manches habe ich in den fünfziger Jahren noch selbst erlebt. Als Großstädterin habe ich damals das Landleben kennengelernt und als junge Bäuerin einige Erfahrungen gemacht. Bei abendlichen Gesprächen mit meinem Mann wurden auch bei ihm Erinnerungen an seine Kindheit und Jugendzeit lebendig. Diese sind in die Berichte mit eingeflossen.

Ich bedanke mich bei allen, die mir bei der Zusammenstellung des Einführungskapitels über Kochen und Essen vor fünfzig Jahren geholfen haben.

Im Frühjahr 1995
Brigitte Heinrich

Kochen und Essen vor fünfzig Jahren

Wenn man heute daran geht, die Koch- und Eßgewohnheiten der vor uns lebenden Generationen aufzuschreiben, um sie vor dem Vergessenwerden zu bewahren, erkennt man zuallererst, wie karg und bescheiden die damalige Lebensweise war.

Dafür gibt es verschiedene Gründe: Zum einen waren die Haushalte noch um die Jahrhundertwende sehr viel größer als heute. Zehn und mehr Kinder waren keine Seltenheit. Dazu kamen oft noch unverheiratete Geschwister der Eltern und, in Bauernfamilien, die zur Bewältigung der anfallenden Stall- und Feldarbeit nötigen Dienstboten, also Knechte und Mägde. In Handwerkerfamilien waren Gesellen und Lehrlinge mit zu verköstigen.

Fast überall war das Bargeld knapp. Die Bäuerinnen hatten höchstens Geld aus dem Verkauf von Eiern zur Verfügung, und damals legten die Hühner selten mehr als die, die man selbst im eigenen Haushalt verbrauchte. So mußte von dem gekocht werden, was Garten, Stall und Felder hergaben. Zugekauft wurden lediglich Zucker, Salz, Hefe, Heringe und Zichorie, letztere brauchte man, um dem Gerstenkaffee Farbe zu geben; sogar der Essig wurde oft aus sauer gewordenem Most durch Zusetzen einer Essigmutter selbst erzeugt. Auch das Angebot an käuflichen Lebensmitteln war in dieser Zeit recht bescheiden. Außerdem war zum Beispiel Zucker so teuer, daß er fast ein Luxusartikel war.
In jedem Dorf gab es höchstens einen im Nebenberuf betriebenen Kaufladen, der das Allernötigste feilbot. Für größere Geschäfte und für Bäckereien fehlte die Existenzgrundlage, da jeder Haushalt sich weitgehend selbst versorgte.

Die Kochkünste der Frauen ließen wohl auch zu wünschen übrig. Nur selten durften die Mädchen die Kochschule besuchen. In der Regel lernten die Töchter von ihren Müttern, das mußte genügen. Fundierte Kenntnisse und Grundlagen der Ernährungslehre fehlten deshalb völlig. Auch die für das Kochen zur Verfügung stehende Zeit war meist knapp bemessen. Vor allem im Sommer ging die Arbeit auf den Feldern oder im Garten der Hausarbeit vor. Berücksichtigen muß man auch, daß die technischen Möglichkeiten sehr beschränkt waren. Elektroherde oder Backhauben gab es nicht, so konnte Gebäck nur im Backhaus oder im Backrohr des Holzherds hergestellt werden. Es gehörten viel Erfahrung und Fingerspitzengefühl dazu, die richtige Backtemperatur zu erreichen und für den gesamten Backvorgang zu halten.

Vesperpause bei der Ernte.

Die täglichen Mahlzeiten

Das Frühstück

Das Frühstück, auch Morgenessen genannt, war im ländlichen, meist bäuerlichen Bereich immer eine wichtige Mahlzeit. Vorher mußte das Vieh ausreichend versorgt werden. Füttern, Misten, Streuen, Saubermachen der Tiere und des Stallbereichs wurden erledigt, ehe die Menschen an die Reihe kamen. Nach ein bis zwei Stunden körperlicher Arbeit schmeckte es allen dann besonders gut, denn man war hungrig. In vielen Familien war der sogenannte Schwarze Brei gekocht, mit Wasser, etwas Salz und Musmehl die Grundlage für den ganzen Tag.

Musmehl wurde aus geröstetem, geschrotetem Weizen hergestellt und zu einem Brei gekocht, anschließend mit zerlassener Butter oder Schweinefett abgeschmälzt. Da meist aus einer einzigen Schüssel gegessen wurde, sagen böse Zungen, der Bauer, also das Familienoberhaupt, habe immer den größten Teil der begehrten Schmälze zu sich abgeleitet, nur ein kleiner Rest sei den anderen Familienmitgliedern geblieben.

Aus dem Hohenloher Freilandmuseum, Schwäbisch Hall-Wackershofen, stammt folgender Vers, der damit in Zusammenhang steht:

Nun stecket Eure Löffel zusammen
und fanget an in Gottes Namen.
Wer gut, wer wenig, wer viel erwischt,
nicht auf den anderen neidig ist.

Zum Schwarzen Brei gab es gekochte, kalte Kartoffeln und im Winter oft auch rohes Sauerkraut.

Wenn der Bauer »den Löffel wischte«, bedeutete dies für alle das Ende der Mahlzeit. Man wischte nach dem Essen den Löffel an der Schürze ab und legte ihn bis zum nächsten Gebrauch in die Tischlade.

Der Schwarze Brei war eine solide Grundlage und sollte Kraft für die tägliche schwere Arbeit geben. Noch heute sagt man auf der Alb, wenn Buben miteinander raufen, von dem, der sich als der Stärkere erweist, der habe mehr Schwarzen Brei gegessen als der Unterlegene.

In Zeiten, in denen besonders schwere Arbeit anfiel, wie bei der Heu-, Getreide- oder Hackfruchternte, wurde an Stelle des Schwarzen Breis Weißer Brei gegessen. Dieser bestand aus Milch und Grieß und war etwas gesüßt. Anschließend wurde noch Kaffee aus gerösteter Gerste in der Kaffeekanne mit Milch und Rübensirup fertig angerührt. Diesen löffelte man aus kleinen Schüsseln mit eingebrocktem Weißbrot.

Der einzige Unterschied des Sonntagsfrühstücks zum Alltagsfrühstück bestand darin, daß statt Weißbrot Hefekranz und manchmal auch selbst hergestelltes Gsälz auf den Tisch kamen. Wurden auf einem Hof Bienen gehalten, konnte man sich auch ab und zu ein Honigbrot leisten.

Das Vesper

Es wurde in der Zeit zwischen zehn und elf Uhr eingenommen, je nach anfallender Arbeit. Meist kamen die Männer mit den Gespannen recht spät zum Morgenvesper (Brotessen) und hatten großen Hunger. Die Pferde bekamen Hafer und Heu, für die Fuhrleute gab es im Sommer zu Schwarzbrot und Butter entweder Quark (Knollenmilch oder Luggeleskäs) oder Backsteinkäse, manchmal auch Gsälz oder einen halben Hering. Vitamine bekam man durch Rettiche aus dem eigenen Garten, Schnittlauch und Zwiebelröllchen.

Die frühen und zarten Rettiche schnitt man auf dem Tisch auf eine ganz besondere Art. Man legte den gewaschenen, geschabten Rettich so aufs

Ausgezogene Küchle gab es nur an besonderen Tagen.

Vesperbrett, daß die dicke Seite rechts vor einem lag und der Schwanz nach links schaute. Dann wurde der Rettich mit einem scharfen Messer ganz fein schräg eingeschnitten und zwar nur bis zur Hälfte seiner Dicke. War das geschehen, drehte man den Rettich um seine eigene Achse und wiederholte das Einschneiden in der Gegenrichtung. So entstand eine richtige Ziehharmonika, die leicht gesalzen zum Vesper verzehrt wurde.

Herbst- und Winterrettiche mußten eine halbe Stunde vor der Mahlzeit eingeschnitten und gesalzen werden. Zur besseren Bekömmlichkeit gab man etwas Milch oder Rahm dazu. Im Winter gab es zusätzlich noch frisch gekochte Kartoffeln – mit Butter und Käse oder Quark eine köstliche Mahlzeit.

Dem Vesper kam als Mahlzeit eine größere Bedeutung und Beliebtheit zu, als dem kurz darauffolgenden Mittagessen.

Dies rührte wohl daher, daß die Bauersfrauen und Köchinnen selbst erst kurz vorher aus dem Garten oder vom Feld nach Hause kamen. Dann mußte schnell für die zahlreichen Esser (Kinder, Knechte, Mägde, oft auch noch Tagelöhner) das Vesper bereitgestellt werden. So konnte es vorkommen, daß die Bäuerin zur Vesperzeit um elf Uhr noch nicht wußte, was sie für das Mittagessen kochen sollte. Von einer Ernährungsplanung war ohnehin nicht die Rede.

Das Mittagessen

Das mittägliche Kochen mußte schnell gehen. Das Essen sollte preiswert sein und satt machen. Höchstens zweimal in der Woche, außer Sonntag, gab es Fleisch, selten frisch, meist gepökelt oder geräuchert. Oft gab es Mehlspeisen wie Durcheinander (Eierhaber), Weckklöße, Karthäuserklöße, Waffeln, Pfitzauf oder Dampfnudeln. Dazu wurde Kompott oder Salat gereicht. Auch Kartoffelschnitz' und Spätzle oder saure Kartoffelrädle waren beliebte Mittagessen. Spätzle gab es als Hauptgericht oder als Beilage. Krautspätzle, geröstete Spätzle oder Kässpätzle wurden oft gekocht.

Auch weiße Mehlknöpfle waren beliebt.

Dazu gibt es eine alte Redensart. Wenn Kinder fragten »Was gibt es heut?« war die lakonische Antwort:

»Knöpfle, Kraut ond Floisch, Wonderfiz, jetzt woisch.«

Mehr Aufwand und Kochkunst erforderten die gern gegessenen Schupfnudeln aus Kartoffelteig. Auch das Herstellen von Maultaschen war meist zu zeitaufwendig und kompliziert. Wenn ganz wenig Zeit zum Kochen war, gab's halt eine Suppe. Das war vor allem Nudelsuppe, in der fast der Löffel steckenblieb, oder Suppe mit Grießklößchen oder mit Geigenknöpfle (Mutschelmehlklößchen), mit Riebele oder Flädle oder auch eine Kartoffel- oder Einlaufsuppe. Anschließend soll es dann noch ein Glas Most mit eingebrocktem Schwarzbrot gegeben haben (Mostbröckel).

In vielen Haushalten wiederholte sich der Speiseplan mit kleinen jahreszeitlichen Abweichungen wöchentlich.

So könnte eine solche regelmäßige Speisenfolge ausgesehen haben:

Montag	Spinat, Salzkartoffeln und Spiegeleier
Dienstag	Flädle oder Pfannkuchen mit Kompott oder Salat
Mittwoch	Mehlknöpfle mit Sauerkraut und Rauchfleisch

Donnerstag	Saure Kartoffelrädle
Freitag	Dampf- oder Rohrnudeln
Samstag	Kartoffelschnitz und Spätzle
Sonntag	Braten, Kartoffelsalat, Grüner Salat und Nudeln

Das Abendvesper
Das Abendvesper nahm wieder eine wichtige Stellung im Tageslauf ein. Wenn die Abendglocke geläutet hatte, ging man vom Rübenhacken oder einer anderen Feldarbeit nach Hause, um zu vespern. Da gab's zum Brot meist Hausmacherwurst aus der Dose, Rettich- und Gurkensalat, manchmal auch Bratkartoffeln und Eier. Das Schwarzbrot spielte eine wichtige Rolle im Leben der Familie, deshalb ist diesem ein besonderer Abschnitt gewidmet.

Das Abendessen
Wenn man dann müde von der getanen Arbeit und satt vom habhaften Vesper war, mußten noch einmal alle Tiere versorgt werden. So kam es, daß sich nach getaner Stallarbeit nochmals Hunger einstellte. Das sogenannte Abendessen bestand aus einer geschmälzten Brot- oder Riebelesuppe oder einfach aus süßer oder saurer Milch, in die man Brot oder Hefekranz einbrocken konnte. Pro Person gab es aber höchstens eine Tasse der wertvollen, eigentlich zum Verkauf vorgesehenen Milch.

Zu trinken gab es selbstgemachten Apfel- und Birnenmost und Wasser. Der Bauer schenkte sich ein Glas davon ein, trank und reichte es dann weiter.

Bier und Limonade leistete man sich nur an besonderen Festtagen. Tee galt als Arzneimittel.

Erst in den fünfziger Jahren kamen die neuen technischen Möglichkeiten zur Herstellung selbstgemachter Säfte und Süßmoste in die Haushalte.

Nahrungsmittel für den täglichen Gebrauch und für den Vorrat

Die Eigenversorgung mit Nahrungsgütern des täglichen Bedarfs war in der in diesem Büchlein beschriebenen Zeit eine wichtige Aufgabe der Frauen, denn es war durchaus nicht selbstverständlich, jeden Tag satt zu werden. Die Wertschätzung für Lebensmittel war wesentlich höher als heute, auch Reste wurden so weit wie möglich weiterverarbeitet.

Um Lebensmittel zukaufen zu können, fehlte einmal das Geld, zum anderen auch das Angebot im Dorf.

Weiß- und Schwarzmehl wurden aus dem eigenen Getreide in der nahegelegenen Mühle zum Mahlen in Auftrag gegeben. Der Mahllohn wurde gemindert, das heißt, es wurde kein Geld verlangt, sondern der fällige Betrag wurde von der Getreidelieferung abgezogen.

Das Mehl wurde in der Mehltruhe, meist auf dem Speicher, trocken und mäusesicher aufbewahrt.

Eier hatte man im Sommer aus dem eigenen Hühnerstall zur Verfügung. Die Bäuerin freute sich, wenn sie auch noch einige zur Aufstockung ihrer Barkasse verkaufen konnte.

Eier für die legearme, dunkle Winterzeit kamen in Steinguttöpfen in gelöschten Branntkalk, später in Wasserglas und konnten so über Monate hinweg haltbar gemacht werden. Die Eier mußten beim Einlegen ganz frisch und ohne Verletzungen der Schale sein. Später waren sie für alle Gerichte ohne

Ein Backhäusle, wie es auch heute wieder vielerorts in Benützung ist.

Die Glut wird mit der Kruke ins Aschenloch geschoben.

weiteres zu gebrauchen, nur Eiweiß und Eigelb ließen sich oft nicht mehr trennen. Auch in Spreier (Spelzen des Dinkelkorns) hielten sich Eier für ein bis zwei Monate frisch.

Das Brot spielte in der vor uns lebenden Generation eine besondere Rolle. Es wurde viel davon gebraucht und deshalb durfte es auch nie ausgehen. Alle zwei bis drei Wochen wurde im Gemeindebackhaus gebacken, oft mehr als zwanzig große Laibe Schwarzbrot, zehn Laibe Weißbrot und ein bis zwei Laibe zähes Brot. Letzteres schmeckte frisch ganz vorzüglich. Weil der Teig aber weder Fett noch Ei enthielt, wurde es schnell altbacken, daher auch die Bezeichnung zäh.

Der Backtag

Am Vorabend des Backtages mußte beim Abendläuten im Dorfbackhaus ein Los gezogen werden. Dieses entschied über die Reihenfolge des Backens am nächsten Tag.

Fürs erste Backen, wenn der Ofen fast kalt war, brauchte man mehr Reisigbüschel, um die nötige Hitze zu erzeugen, als für die nachfolgenden Backlose. Es gehörte eine ganze Menge Erfahrung dazu, immer das rechte Maß zu treffen.

Am Vorabend wurde dann auch noch der Teig angesäuert. Das Brotmehl kam in die Backmulde, im Winter neben den warmen Ofen. Der Sauerteig vom vorhergehenden Backen, warmes Wasser und ein Viertel des Mehls wurden miteinander vermischt und das Ganze zugedeckt.

Am Backtag selbst wurden die im Frühjahr gehackten, jetzt trockenen Büschel, auf einen Schubkarren geladen und ins Backhaus gefahren.

Etwa zwei Stunden vor dem ausgelosten Backtermin mußte geknetet werden. Das Teigkneten von Hand war eine schwere Arbeit. Mehl, Salz, Hefe und warmes Wasser wurden so lange mit dem Vorteig geknetet und geschlagen, bis sich Blasen bildeten und ein geschmeidiger Teig entstanden war. Oft wurden auch noch frisch gekochte, durchgepreßte Kartoffeln zugegeben, damit das Brot seine Feuchtigkeit besser behielt.

Die Herstellung des Brotteigs war eine rituelle Handlung. Auf dem fertig gekneteten Teig wurde ein Kreuzzeichen eingegraben, in dessen vier Felder die Buchstaben GSDB, für Gott segne dieses Brot, eingeritzt wurden.

Der fertige Teig mußte dann noch eine Stunde gehen. In der Zwischenzeit wurden im Backhaus die Büschel eingeschoben und angezündet. Wenn sie zu Glut verbrannt waren, wurden diese mit einer hölzernen Kruke ins Aschenloch geschoben und der Ofen mit einem nassen Strohwisch oder einem an einer Stange befestigten nassen Sack ausgewischt. Dann war es Zeit, den gegangenen Teig ins Backhaus zu fahren, um mit nassen Händen die Laibe mit Hilfe der Einlaibschüssel am langen Stiel nebeneinander in den Backofen zu setzen. Ein Teigrest wurde als Sauerteig fürs nächste Backen zurückbehalten. Er hieß Urhab, kam ins hölzerne Urhabkübele, wurde mit Salz bestreut und zugedeckt bis zum nächsten Backtag aufbewahrt.

In der Zeit, die der Schwarzbrotteig zum Gehen brauchte, wurden Weißbrotteig und Platz hergestellt.

Nach dem Backen wurde das frische Brot mit Wasser bestrichen, damit es schön glänzte, und zum Auskühlen in den sauberen Backtrog gelegt. Anderntags kam es auf eine Brothange in den kühlen Keller. Man war besonders froh, wenn am Backtag das alte Brot aufgegessen war und man das neue gleich anschneiden durfte. Sparsame Hausfrauen haben allerdings meist dafür gesorgt, daß dies nicht der Fall war, weil man vom frischen Brot viel mehr verbrauchte, und weil das altbackene angeblich so viel bekömmlicher war.

Beim Anschneiden des Brotes wurde ein Kreuz gemacht. Brot wegzuwerfen, galt als Sünde und selbst beim Tischabwischen sollte keine Brotkrume auf den Boden fallen.

Die Aufbewahrung des Brotes über einen Zeitraum von mehreren Wochen erforderte viel Sorgfalt. Es mußte im Keller mäusesicher auf Brottragen aufgehängt werden, und besonders im Sommer war man vor Schimmel nicht sicher.

Für die Frauen war der Backtag ein anstrengender Tag, an dem sie Schwerarbeit zu leisten hatten. Man sagte deshalb im Dorf, wenn man schön gebacken hatte, jetzt dürfe die Bäuerin ins Bett und ausschlafen. Aber es kam wohl selten vor, daß dies auch wahrgemacht wurde.

Am Backtag selbst wurde nicht gekocht. Es gab nur eine Suppe und dazu oder danach einen nach dem Brot im etwas abgekühlten Ofen gebackenen Platz.

Platz gab es süß oder salzig. Grundlage war ein Hefeteig. Er konnte mit Obst oder Beeren belegt oder mit Schnittlauch, Zwiebeln, Rahm und Eiern zubereitet werden. Es gab viele köstliche Sorten davon und der Kreativität der Hausfrau waren keine Grenzen gesetzt. Nicht umsonst wird diese Backkunst heute wieder neu entdeckt, auch wenn sich der Platz zum Flammkuchen oder zur Quiche gemausert hat. Noch warm und frisch aus dem Holzbackofen schmeckt er am besten, und die ganze Familie freut sich deshalb auch heute noch auf den Backtag. Gerne kommen Männer und Kinder am Backhaus vorbei, um sich ein ofenfrisches Stück Kuchen abzuholen.

Das Kuchenbacken außerhalb der Backtage war schwierig, da die technischen Voraussetzungen dafür fehlten. Man konnte entweder beim Backtag der Nachbarn ein Blech mit einschieben oder den Teig zum Bäcker bringen. Dies geschah nur bei besonderem Bedarf. Traditionelle Gebäckarten waren Hefegugelhupf, Marmorkuchen, Flachswickel und Anisbrot.

Der Schlachttag

Auch der Schlachttag war ein besonderer Tag. In der Regel wurde in jedem Haushalt zweimal jährlich geschlachtet, meist im zeitigen Frühjahr und im Herbst, zur Zeit der Kirchweih, also während der kühleren Jahreszeiten. Dazu kam der Metzger ins Haus, in dem schon frühmorgens ein Kessel mit kochendem Wasser bereitstand. Im Voraus waren Dosen abgeschnitten und gereinigt, Schmalztöpfe hergerichtet und die Fleischpresse gründlich gesäubert worden.

Am Schlachttag selbst waren alle Hände nötig, um Blut zu rühren, Speck zu schneiden, Schmalz auszulassen und Leber durchzudrehen. Im ganzen Haus herrschte geschäftiges Treiben und bald war jede Türklinke und jeder Quadratmeter Fußboden fettbeschmiert.

Zum Mittagessen gab es Suppe aus fetter Kesselbrühe und getrockneten Weißbrotscheiben (bähte Schnittlessupp'), danach Sauerkraut und das erste frische Kesselfleisch. Abends, wenn auch die Würste fertig waren, lud man Verwandte und Freunde zur Metzelsuppe ein (Seite 47). Den Nachbarn wurde »ausgetragen«, das heißt, jeder erhielt ein Kännchen voll Brühe, je eine Blut- und Leberwurst und eine Portion Kesselfleisch. Wenn dann bei den Nachbarn geschlachtet wurde, hatten

Am Schlachttag kommt der Metzger auf den Hof. Hier prüft er das siedende Kesselfleisch.

diese die Gaben wieder wettzumachen. So kam man öfter im Jahr in den Genuß von frischer Wurst.

Am Schlachttag war das Speckschneiden Aufgabe aller Haushaltsangehörigen. Die meist dicken Speckseiten mußten abgeschwartet, von Hand in kleine Würfel geschnitten und auf dem Küchenherd ausgelassen werden. Dies mußte fleißig beobachtet und gerührt werden, denn die Grieben durften höchstens hellgelb werden, damit das Schmalz kalt schneeweiß blieb.

Das flüssige Schweinefett wurde durch ein Sieb in Steinzeugtöpfe abgefüllt. Die Grieben wurden ausgepreßt und kamen in die Blutwurst. Diese heißt, wie man sich denken kann, deshalb auch Griebenwurst.

Wollte man einen Teil der Grieben für Zwiebelkuchen und ähnliches zurückbehalten, so mußte man dies schnell und heimlich tun.

Besonders gut schmeckte auch das mit Zwiebeln, Äpfeln und Salz zubereitete Griebenschmalz als Brotaufstrich.

Schmalz konnte ohne besondere Konservierung, mit Pergamentpapier zugebunden, im Keller mindestens

sechs Monate aufbewahrt werden. Es war neben Butter das einzige in der Küche verwendete Fett.

Die frischen Würste wurden angeräuchert, damit sie länger haltbar waren. Blut- und Leberwurst, weißer und roter Schwartenmagen und später auch Schinkenwurst wurden nach der Erfindung des Eindünstens (Haltbarmachen durch Erhitzen und Entziehen von Luft) in Dosen gefüllt und mußten zwei Stunden lang sterilisiert werden, um die Haltbarkeit zu gewährleisten. Aufbewahrt wurden die Dosen im kühlen Keller.

Der Speck wird in kleine Würfel geschnitten und dann auf dem Herd ausgelassen.

Zum Mittagessen gibt es für alle Suppe aus fetter Kesselbrühe.

Nach dem Zerteilen (Aushauen) der Sau wurden alle Fleischstücke zu Salzfleisch und Braten, aber auch zur Herstellung von Rauchfleisch eingesalzen und in einer hölzernen Fleischpresse im Keller für sechs Wochen gepökelt. Der Deckel der Presse wurde mit einer Spindel fest zugedreht, um möglichst

Für Sauerkraut wird das Weißkraut auf dem Krauthobel fein geschnitten.

wenig Luft eindringen zu lassen.Durchwachsene Bauchstücke und ein paar wenige magere wurden anschließend in der am eigenen Kamin angebrachten Räucherkammer oder im Räucherschrank langsam im Wacholderrauch geräuchert. Auch bei diesem Verfahren war es oft nicht einfach, Fleischfliegen und damit Maden fernzuhalten. Das Fleisch mußte regelmäßig beobachtet werden und wurde zur Sicherheit in luftdurchlässigen Gazebeuteln aufgehängt.

Gemüse und Obst aus dem eigenen Garten

Das ganze Jahr über aß man das Obst und Gemüse, das der Jahreszeit entsprechend gerade reif und erntefertig war.

Da im zeitigen Frühjahr Gartenflächen mit Futterrüben oder Erdkohlraben zum Auspflanzen auf den Feldern vorkultiviert werden mußten, war das Saatbeet zwar gut durchwurzelt und hatte eine optimale Bodengare, die Vegetationszeit für Gartengemüse war jedoch sehr kurz, denn vor Mitte Mai konnte in den Gärten nicht gesät oder gepflanzt werden.

Salate Um das ganze Jahr über Salat aus dem eigenen Garten zu haben, brauchte man eine gute Planung und auch ein bißchen Glück mit dem Wetter. Die erste Ernte im Frühjahr brachte die anspruchslose Kresse, die allerdings nicht jedermanns Geschmack war. Dann folgten Pflück- und Schnittsalat, später Kopfsalat der verschiedensten Sorten vom frühen bis zum hitzebeständigen Sommersalat. Im Herbst kam Endivien an die Reihe und im Winter folgte Ackersalat, der wohl relativ spät erst als Gartenkultur angebaut wurde. Er überstand Brachfröste und kam auch

Das Kraut wird eingestampft.

unter einer lange dauernden Schneedecke meist noch frisch hervor.

Kraut und andere Grobgemüse Durch die kurze Vegetationszeit wurden erst relativ spät Rettiche und Salat ausgebracht. Auch für Rote Rüben, Bohnen, Lauch und Sellerie reichte die Wachstumszeit noch aus.

Grobgemüse wie Kohlrabi, Gelbe und Rote Rüben, Weiß- und Blaukraut, auch Blumenkohl, wurden meist auf den Feldern angepflanzt. Der Platz im Garten war knapp und diese Gemüsesorten gediehen im Freiland besser.

Im Winter aß man die haltbaren Gemüsesorten. Rot-, Weiß- und Rosenkohl, Rote und Gelbe Rüben, Winterrettiche, Sellerie und Lauch.

Um Gemüse für den Winter haltbar zu machen, wurde es nach der Ernte im Keller in ein Sandbett oder im Garten in einer Erdmiete eingeschlagen. So hielten sich alle Wurzelgemüse bis ins neue Jahr frisch und verwendbar.

Feste Blaukrautköpfe konnten ebenfalls mit dem Strunk nach oben im Garten in die Erde eingegraben werden. Auch in Zeitungspapier verpackt und an einem luftigen, frostsicheren Ort gelagert, hielt es sich lange frisch.

Rosen- und Grünkohl blieben bis zum Verbrauch im Garten stehen. Beide brauchen Frost, um nicht bitter zu schmecken und auch Lauch hält sich an Ort und Stelle bis ins Frühjahr hinein. Allerdings kann er bei gefrorenem Boden kaum ohne Verlust geerntet werden.

Sauerkraut Weißkraut wurde in jedem Haushalt liebevoll zu Sauerkraut eingeschnitten und mit Wacholderbeeren oder Kümmel gewürzt und durch Salzzugabe haltbar gemacht. Es wurde fein geschnitten und eingestampft, und mußte oft von den Kindern mit den bloßen Füßen eingetreten werden, damit es besonders weich wurde. Danach wurde es mit einem Tuch und einem Holzbrett bedeckt und mit einem Stein beschwert. Bei Zimmertemperatur kam die Milchsäuregärung in Gang. Nach ungefähr drei Wochen war dieser Vorgang abgeschlossen und das Kraut gebrauchsfertig. Bei der Entnahme mußte regelmäßig der Bereich der Stande, der mit Luft in Berührung kam, gewaschen und verdorbene Teile mußten weggeworfen werden.

Mit dem häufigen Angebot von Sauerkraut auf dem winterlichen Speisezettel verschaffte man sich das lebenswichtige Vitamin C, allerdings nicht mehr, wenn es mehrmals aufgewärmt war.

Kartoffeln An dieser Stelle muß auch die Kartoffel und deren wichtige Bedeutung in der Ernährung geschildert werden.

Noch bis lange nach dem Zweiten Weltkrieg baute jeder, der ein Stück Garten oder gar einen Acker besaß, seine Kartoffeln selbst an. Auf Bauernhöfen waren sie eine wichtige Grundlage für die Schweinefütterung und die für den Haushalt fielen nebenher an. Meist wurden deshalb stärkereiche, das heißt mehlige Sorten angebaut. Legte man aber Wert auf einen besonders guten schwäbischen Kartoffelsalat, mußten wenigstens einige Reihen einer gelbfleischigen, festkochenden Sorte (Siglinde) ausgepflanzt werden.

Kartoffeln wurden im Herbst und Winter als Beigabe zur geschmälzten Brotsuppe zum Abendessen gekocht. Die kalten, übriggebliebenen konnte man dann am anderen Morgen zum Schwarzen Brei essen. Aus kalten Schalkartoffeln wurden auch geriebener Kartoffelsalat oder Röstkartoffeln

Ein Kartoffelacker gehörte zu jedem Bauernhof.

zubereitet. Je nach zur Verfügung stehender Zeit und unterschiedlicher Kochkunst der Hausfrau sorgten Salzkartoffeln, Kartoffelbrei oder Gerichte aus Kartoffelteig für Abwechslung im Speisezettel. Kartoffelschnitz und Spätzle oder Kartoffelgemüse waren beliebte Samstagsgerichte.

Auch dem Schwarzbrotteig wurden gekochte, durchgepreßte Kartoffeln untergeknetet. Damit blieb das Brot länger frisch, aber es schimmelte auch schneller.

In den dunklen, meist gewölbten feuchten Kellern der Wohnhäuser und Scheunen hielten sich die Kartoffeln ohne besondere Konservierungsmaßnahmen bis weit in das Frühjahr hinein frisch, wenn sie nicht zu hoch aufgeschüttet waren und mehrmals umgegabelt wurden.

Obst für den Vorrat An Obst wurden Erdbeeren, Stachelbeeren und Johannisbeeren, später im Jahr dann Pflaumen und Zwetschgen, Äpfel und Birnen geerntet. Himbeeren fand man

Äpfel werden geschält, vom Kernhaus befreit, in Scheiben geschnitten und auf einer Schnur aufgefädelt.

An einem luftigen Ort werden die Apfelscheiben getrocknet.

reichlich in den Wäldern. Nur ein kleiner Teil dieser Früchte wurde frisch verzehrt, vieles wurde für den Wintervorrat haltbar gemacht.

Beeren wurden schon im Sommer zu Saft, Marmelade und Gelee eingekocht, damit man das ganze Jahr über davon zehren konnte. Beerenobst und Zwetschgen wurden mit viel Zuckerzugabe im Verhältnis eins zu eins in langer Kochzeit zu Gsälz verarbeitet und bereicherten den Speisezettel. Das Kochgut mußte heiß in Gläser gefüllt werden, die Oberfläche wurde mit Alkohol und Salizylpapier bedeckt und mit Zellophan verschlossen. Trotzdem war man vor Schimmelbildung und Austrocknen nie sicher.

Insgesamt war die Vorratshaltung ein Problem. Man mußte sehr aufpassen, daß nicht Schimmel, Mäuse oder anderes Ungeziefer über die mühsam haltbar gemachten Erzeugnisse herfielen.

Äpfel wurden im Keller gelagert. Die Haltbarkeit der einzelnen Sorten war bekannt und man wußte, daß sich zum Beispiel der harte Bohnapfel bis zum Frühjahr hielt.

Birnen, Zwetschgen und Äpfel wurden für die Weihnachtsbäckerei getrocknet und zu Hutzeln gedörrt. Halbierte Birnen und entsteinte Zwetschgen kamen nach dem Brotbacken zur Nutzung der Nachwärme in die über dem Backofen liegende Zwetschgendörre. Äpfel wurden geschält oder ungeschält als Apfelringe auf Schnur gefädelt und so an einem luftigen Ort getrocknet.

Eindünsten und Entsaften Eine Revolution im Bereich der Vorratshaltung bildete um die Jahrhundertwende die Möglichkeit des Eindünstens. Bauerntöchter, denen die Eltern einen Besuch der Kochschule ermöglicht hatten, brachten diese Neuerung mit nach Hause. Weckgläser, Deckel, Gummiringe mit Klammern, Weckkessel und Thermometer hielten ihren Einzug in die bäuerlichen Haushalte. Auch hier verhinderte allerdings das fehlende Bargeld die rasche Durchsetzung dieser Neuerung.

Eingedünstet konnte vieles werden, was selbst erzeugt worden war: Fleisch als fertiger Braten oder Salzfleisch, Gemüse wie Blumenkohl, Kohlrabi, Bohnen und Erbsen sowie Beeren und Obst zu Kuchen oder Kompott. Vor allem empfindliche Nahrungsmittel, die sonst überhaupt nicht haltbar zu machen waren, eigneten sich nun für diese Art der Vorratshaltung.

Einen weiteren Fortschritt vermittelten in den fünfziger Jahren die Beraterinnen der Landwirtschaftsämter. Mit Süßmostglocke, Süßmostschlange und Dampfentsafter kamen sie zur Wanderberatung in die Dörfer, um den Hausfrauen zu zeigen, wie durch Erhitzen auf fünfundsiebzig Grad Apfelsaft in Flaschen oder auch im Faß haltbar gemacht werden konnte, wie Beeren zu alkoholfreiem Saft verarbeitet und in Flaschen mit Gummihütchen verschlossen für lange Zeit haltbar wurden.

Süßsauer Eingelegtes Gurken und Kürbisse, aber auch Zwetschgen und unreife Tomaten konnten zur Bereicherung des Speisezettels und zur Abwechslung bei der Brotzeit süßsauer oder salzig eingelegt werden.

Kleine Gurken konnte man als Salz- oder Essiggurken für längere Zeit haltbar machen. Es war eine langwierige Arbeit, da der Aufguß mehrmals abgegossen und wieder aufgekocht werden mußte. Bei den Salzgurken verwendete man zum Haltbarmachen »Gurkendoktor«, ein Salizylpräparat, das, weil gesundheitsschädlich, heute verboten ist.

Grüne Bohnen wurden wie Sauerkraut in eine Stande gegeben, leicht gesalzen, eingestampft und unter Luftabschluß aufbewahrt.

Tomaten wurden auf der Alb selten in so großer Zahl reif, daß man noch Tomatenmark davon kochen konnte. Die unreifen Früchte legte man bei Frosteinbruch zum Nachreifen in Sägemehl oder Torfmull und verwendete sie dann zum Kochen.

Kräuter und Tee Küchenkräuter wie Schnittlauch und Petersilie wurden luftgetrocknet aufbewahrt. Es gab aber auch die Möglichkeit, diese Gewürzkräuter in einer Mischung aus verschiedenen Kräutern als sogenanntes Siebengewürz mit Salzzugabe für einige Zeit haltbar zu machen. Die dunklen Gläser wurden mit Öl bedeckt und so luftdicht abgeschlossen.

Als Tee und Gewürze wurden im Bauernhaus meist nur solche verwendet, die im Garten angebaut werden konnten oder an Feldrainen wild wuchsen. So gab es in vielen Bauerngärten ein Kräuterbeet, in dem Schnittlauch, Petersilie, Estragon, Basilikum, Liebstökkel und Borretsch standen. Für Tee wurden Pfefferminze, Kamille, Zitronenmelisse, Lindenblüten und Johanniskraut gesammelt. Im Sommer verwendete man diese Pflanzen frisch, für den Winter wurden sie zu Sträußchen

Im Herbst ist die Mostpresse in Betrieb.

Der klare Obstschnaps ist der Stolz des Bauern.

gebunden und getrocknet, anschließend in Stoffsäckchen aufbewahrt.

Getränke
In jedem Dorf gab es einen Bauern oder Handwerker, der eine Mostpresse besaß. Diese wurde nur im Herbst in Betrieb genommen. Das Obst wurde gemahlen und anschließend ausgepreßt. Für den Alltagsmost wurde der Trester (ausgepreßter Rückstand) nocheinmal mit Wasser angesetzt und erneut in die Presse gegeben. Dieser zweite, sehr dünne Saft kam mit ins Faß und sorgte dafür, daß der Alkoholgehalt des Getränks nicht zu hoch wurde. Reiner Saft ergab den Sonntagsmost, der auch für Gäste aus dem Keller geholt wurde.

Für besondere Anlässe und für Besucher wurden auch Liköre hergestellt. Schwarze Johannisbeeren, Brombeeren, Hagebutten oder auch Schlehen ergaben mit Kandiszucker und Schnaps angesetzt und auf der Fensterbank in der Sonne reifend, herzhafte Tropfen. Klarer Obstschnaps diente im Winter zum Aufwärmen und wurde auch als Dan-

Buttern in einem alten Handbutterfaß.

keschön an Nachbarn ausgeteilt, die zum Beispiel geholfen hatten, ein Kalb mit auf die Welt zu bringen oder schwere Wagenladungen zu bewegen.

Milch- und Milchprodukte

Es mag verwunderlich erscheinen, daß die Milch und ihre Produkte in der Küche und Ernährung der vor uns lebenden Generation keine größere Rolle spielte, obwohl bis nach dem Zweiten Weltkrieg fast in jedem Haus im Dorf Kühe gehalten wurden. Nicht nur die Bauern, die ja Zugtiere brauchten, hatten solche in ihren Ställen, auch fast jeder Handwerker und Häusler besaß eine oder zwei Kühe. Aber es gibt hierfür eine Erklärung. Schon Ende des neunzehnten Jahrhunderts gab es überall genossenschaftliche Milchsammelstellen. Eine wichtige Rolle spielte in dieser Zeit und noch lange nach 1950 das Milchgeld, das in vielen Familien die einzige regelmäßige Bargeldeinnahme darstellte, deshalb wurde jeder mögliche Liter Milch sorgfältig erzeugt und auch abgeliefert, denn jeder Pfennig Milchgeld zählte am Monatsende.

Wenn im Frühjahr das Unkraut aus den Feldern entfernt wurde, trugen die Frauen sogar die Disteln in der Schürze nach Hause, um sie den Tieren zu verfüttern. Nach einem alten Sprichwort gab jeder Disteldorn einen Tropfen Milch zusätzlich.

Butter In der Molkerei wurde die Milch entrahmt und der Rahm zu Butter verarbeitet. Butter konnte bei Bedarf frisch im Milchhäusle mitgenommen werden. Selbst zentrifugiert und gebuttert wurde nur auf Einzelhöfen und dann, wenn etwa bei Ausbruch der Maul- und Klauenseuche auch aus gesunden Beständen keine Milch abgeliefert werden durfte.

Der zu bezahlende Geldbetrag wurde am Monatsende vom fälligen Milchgeld abgezogen. Dies war sicher ein Grund, auch mit diesem Produkt sparsam zu wirtschaften.

Magermilch und Quark Was reichlich zur Verfügung stand, war die frische Magermilch. Sie ging frisch zurück in die Betriebe, wo sie an Kälber oder Schweine verfüttert wurde. Von älteren Frauen erfährt man, daß sie auch zum Kochen und zur Quarkbereitung Verwendung fand.

Sie wurde aufgestellt, man ließ sie in der Wärme stocken und hielt sie danach im zwanzig bis dreiundzwanzig Grad warmen Wasserbad so lange, bis sich das Kasein von der Molke getrennt hatte und damit der Quark, auch Luggeleskäs oder Knollenmilch genannt, entstanden war. Mit Schnittlauch und Kümmel angemacht, war Quark Anfang des Jahrhunderts und vor allem in den Kriegsjahren ein gesunder und schmackhafter Brotaufstrich.

Im Suppinger Liederbuch gibt es einen Vers, der heißt:

. . . und i be von Ennabeure,
vom userschta Haus,
ond do hanget a Säckle
voll Knollamiel raus.

In der Molkerei in Seißen hing lange ein Spruch, der deutlich machte, für wen die Milch in erster Linie da war. Er hieß:

Erst das Kind,
dann das Rind,
was dann noch frei,
hurtig in die Molkerei.

Limburger, der weitverbreitete und beliebte Backsteinkäse, wurde damals im örtlichen Kaufladen angeboten. Dort konnte in den Arbeitsspitzen auch der sogenannte Erntekäse, ähnlich dem Edamer, erworben werden.

Sonntagsessen und Festessen zu besonderen Anlässen

So einfach und sparsam man an den Werktagen kochte und aß, so sehr sollte an Festtagen gezeigt werden, was Küche und Keller zu bieten imstande waren, und welche Kochkünste die Hausfrau beherrschte.

Sonntag

Am Sonntag wurde aufwendiger gekocht, weil man mehr Zeit zur Verfügung hatte.

Der sonst rohe Holztisch wurde mit einem selbstgesponnenen weißen Leinentuch gedeckt. Schon das allein wirkte fast festlich. Als Fleischgericht gab es oft einen selbstgezogenen Gokkel, Hähnchen, gefüllt mit altem Weißbrot und den anfallenden Innereien. Auch Schnitzel und Schweinebraten aus eigener Produktion kamen auf den Tisch.

Breite Nudeln wurden, wenn kein Vorrat davon angelegt war, noch am Sonntagmorgen mit der fast in jedem Haushalt vorhandenen Nudelmaschine frisch hergestellt.

Auf der Alb, aber sicher auch in mancher anderen Gegend, war die Nudelmaschine die erste Küchenmaschine überhaupt. Jede Bauerntochter hatte eine solche in der Aussteuer.

Im benachbarten Merklingen gibt es Nudeln ganz anderer Art. Sie werden aus Hefeteig mit Weißmehl, Hefe, Salz, Milch, etwas Fett und bei wohlhabenden Bauern auch einem Ei, zu einem zarten Teig geknetet. Wenn dieser gut gegangen ist, formt man die Nudeln je nach Größe der Familie und des vorhandenen Nudelkars (reckteckiges Backblech) wie kleine Brotlaibe, setzt sie ins Blech und läßt sie nochmals gut gehen.

Sie wurden am Sonntag vor dem Kirchgang mit dem Schubkarren zum Bäcker gebracht und auf dem Nachhauseweg wieder abgeholt. Man ißt sie bis zum heutigen Tag zu Braten und Kartoffelsalat und braucht sie zum Austunken der großen Mengen von guter Bratensoße. Übrig gebliebene Nudeln waren am Nachmittag mit Gsälzaufstrich ein willkommener Kuchenersatz.

In Merklingen hat dieses Gebäck eine lange Tradition und man feiert heute einmal im Jahr ein großes Nudelfest, zu dem auch die Nachbargemeinden eingeladen werden.

Frisch zubereitet wurde auch am Sonntagmorgen der Kartoffelsalat. Festkochende Salatkartoffeln mußten erst gekocht, heiß geschält, in dünne Rädchen geschnitten und noch warm angemacht werden.

Hochzeit

An Hochzeiten gab es zuerst die traditionelle Hirnsuppe mit Brandteigklößchen, dann Rind- und Schweinebraten, Spätzle, Kartoffelsalat und grünen Salat.

Böse Zungen behaupten, daß der Wein, der bei solchen Gelegenheiten getrunken wurde, oft mit Most und Wasser verlängert worden sei. Am Nachmittag gab es verschiedene Kuchen, Hefekranz und Kaffee und am Abend Bratwürste und Wecken.

Verwandte und Freunde waren in die Zeche geladen. Jeder der kam, bezahlte Essen und Trinken selbst. Die großen Hochzeiten fanden immer in Gastwirtschaften statt. Von jedem Haus war jemand geladen, an dem freudigen Ereignis teilzunehmen.

Kranke Verwandte und Nachbarn bekamen Kuchen oder Bratwürste mit Wecken ins Haus geschickt, damit sie so auch an dem Festessen teilhaben konnten. Es wird behauptet, daß derjenige aus der Familie, der zu dem Hochzeitsessen gehen durfte, immer eine der beiden Würste für die Daheimgebliebenen abzweigen und einpacken mußte, damit diese auch etwas vom Festmahl abbekamen.

Neben dem Platz des Brautpaares stand immer eine zugedeckte Suppenschüssel. Da hinein kam die Hochzeitsschenke. Jeder, der sich beim Brautpaar mit dem Wunsch für »Glück in den Ehestand« verabschiedete, legte sein Scherflein hinein. Über die Höhe des Geschenks wurde sorgfältig gewacht, hatten doch die Beschenkten dies bei gegebenem Anlaß wieder wettzumachen.

Heute ist uns dieser Brauch unverständlich, aber er hatte seinen Sinn. Diese Hochzeitsschenke war das erste eigene Bargeld, über das das junge Paar zu Beginn seiner Ehe verfügen konnte und es wurde immer für eine dringende gemeinsame Anschaffung gebraucht. Aber es wurde auch genau darüber gewacht, daß dieser »zinslose Kredit« bei einer Eheschließung in der Familie des Schenkenden wieder zurückerstattet wurde.

Taufe und Konfirmation

Kam ein neuer Erdenbürger zur Welt, war es üblich, daß Verwandte und Nachbarinnen der jungen Mutter abwechselnd mindestens eine Woche lang eine kräftige Suppe, Hefekranz und Gugelhupf ins Haus brachten, damit sie sich im Wochenbett schonen und erholen konnte. Meist waren diese Weisensgaben so reichlich, daß die ganze Familie in dieser Zeit gut versorgt war.

Bei Taufen und Konfirmationen wurde meist eine Köchin bestellt, das heißt eine Frau aus der Bekanntschaft, die gut kochen konnte und dem Streß in der Küche gewachsen war. Die Hausfrau konnte dann mit in die Kirche gehen und sich ihren Gästen widmen. Sie setzte ihren Hausfrauenstolz jedoch dahingehend ein, aus den vorhandenen Zutaten ein festliches Essen herstellen und auf den Tisch bringen zu lassen. Exotisches gab es in keinem Bauernhaus, man kochte mit dem, was auf dem Hof erzeugt worden war.

In den fünfziger Jahren wuchs auf vielen Feldern noch wilder Ackersalat. War der Schnee schon getaut, wurden die Kinder auf die Suche geschickt, und man war glücklich, wenn man zu einer Konfirmation frischen, grünen Ackersalat anbieten konnte.

Beerdigung

Bei Beerdigungen ging es dem Anlaß entsprechend bescheidener zu. Alle, die zur Leichenzehrung geladen waren, bekamen Kaffee und Hefekranz.

Geburts- und Namenstag

Geburtstage haben damals keine große Rolle gespielt. Meist wurden sie vergessen, sie gingen im Alltagstrubel unter. Ein Kind war glücklich, wenn es wenigstens von seiner Nahne, der Großmutter, ein im Schmalzpfännchen gebackenes Eierküchlein bekam. Das war dann aber auch schon alles.

In katholischen Gegenden spielte der Namenstag eine ähnliche Rolle wie der Geburtstag.

Festessen im Jahreslauf

Neujahrstag

Vom Neujahrstag ist auf der Alb kein besonderes oder traditionelles Gericht bekannt. Es gab wohl ein gutes, reichliches Sonntagsessen, vielleicht sogar mit einem kleinen Nachtisch. So machte man zum Beispiel an den langen kalten Wintertagen oft Bratäpfel. Sie wurden in den altdeutschen gußeisernen Öfen und später in den Kachelöfen gebraten. Sie verbreiteten ihren unnachahmlichen Duft im ganzen Haus und waren ein besonderer Leckerbissen für Kinder und Erwachsene.

Lichtmeß

Am 2. Februar, an Lichtmeß, traf sich die Jugend des Dorfes jahrgangsweise und abwechselnd in einem der Elternhäuser, um mit Spiel, Tanz und Singen die wiederkehrende helle Jahreszeit zu feiern. Jeder brachte mit, was er selbst verzehren wollte, Rote Würste, Wekken und Limonade. Die Wurst kostete damals zehn, der Wecken drei Pfennige.

Lichtmeß war ehemals auch Wandertag der Dienstboten, das heißt, sie wechselten an diesem Tag ihre Dienstherrschaft. Schon im Laufe des Jahres zeigte sich, ob eine Magd noch weiter in ihrer Stelle bleiben wollte oder nicht. Wenn sie nämlich im Laufe des Jahres bei der Feldarbeit keine Katzenwedel (Ackerschachtelhalm) zum Scheuern der Milchkannen sammelte, wußte die Bäuerin, daß sie zu Lichtmeß in eine neue Stelle wechseln wollte.

Bei einem Wechsel der Dienstherrschaft zogen die Alterskameraden auf Schlitten oder Wagen mit dem, der seine Stelle wechselte, ins andere Haus oder Dorf. Dort bekamen alle ein gutes Vesper und genügend Most zu trinken, um Einstand zu feiern.

Fastnacht

An Fastnacht wurden Küchle aus Hefeteig zubereitet, in Schmalz gebacken und mit Zimt und Zucker bestreut. Große Narrentreffen und Zünfte waren in protestantischen Gebieten nicht üblich, nur die Kinder verkleideten sich und machten einen Fasnetszug. Die ledige Jugend traf sich zum Tanz im Wirtshaus und die Männer setzten sich zu Bier oder einem Viertel Wein abends am Stammtisch zur Kappensitzung zusammen.

Lichtstubenausstand

Zum Winterausklang fand der Lichtstubenausstand statt. In der Wohnstube des Lichthauses, in dem sich die Mädchen eines Jahrgangs den ganzen Winter über schon jeden Abend zum Spinnen und Stricken getroffen hatten, sollte dieser auch gefeiert werden. Dazu wurden dann die Burschen eingeladen. Diese hatten ein Faß Bier mitzubringen. Die Mädchen buken Tage vorher Hefekranz und Gugelhupf und sie mußten gut aufpassen, daß die Burschen das Gebackene nicht vor dem »Ausstand« entdeckten und stahlen. Solche Arten von Schabernack waren damals keine Seltenheit.

Die Zeit um Ostern

Am Palmsonntag waren die Palmbrezeln an der Reihe. Sie wurden vom Bäcker aus leicht gesüßtem Hefeteig gebacken und zum Frühstück in den Kaffee eingebrockt. Die Burschen

Die Neujahrsbrezel oder Palmbrezel, je nach Jahreszeit, ist aus gesalzenem Hefeteig.

schenkten ihren Mädchen als Liebeszeichen eine Palmbrezel oder malten ihrer Liebsten eine mit Kalkfarbe ans Stadeltor. Die Kinder bekamen von ihren Paten eine Palmbrezel geschenkt.

Am Gründonnerstag wurde Grünes gekocht. Meist gab es den ersten Spinat, später dann Maultaschen mit Spinatfüllung, und am Karfreitag kam frischer Fisch auf den Tisch, wohl das einzige Mal im Laufe des Jahres. Fisch konnte im Ladengeschäft am Ort für diesen Tag vorbestellt werden, und so ist es vielerorts auch heute noch.

Besonderes Brauchtum zu Ostern war mit Ausnahme der vielen bunten Eier nicht bekannt. Die Kinder wetteiferten, wer beim Eierpicken das Ei mit der härtesten Schale hatte und dadurch Sieger wurde.

Markttage

Die Markttage am Oster- und Pfingstmontag und auch der Andreasmarkt am 30. November waren und sind für die Menschen der Laichinger Alb besondere Festtage.

An solchen Tagen wurde in keinem Haus gekocht. Wenn die Tiere versorgt und die Ställe ausgemistet waren, gingen alle, die laufen konnten, zu Fuß, mit Pferd und Wagen, mit dem Fahrrad und später mit Schlepper und Auto auf den Markt. Die Innenstadt wurde schon am Abend zuvor gesperrt, und die Händler schlugen ihre Buden auf. Am eigentlichen Markttag herrschte dann ein Riesentrubel. Es roch nach gebrannten Mandeln, Zuckerwatte und Magenbrot, es gab riesige Himbeerbonbons und andere Leckereien, von denen man sonst das ganze Jahr nur träumte. Zum Essen gab es Bratwurst, Rote mit Senf oder Saure Kutteln in einer der zahlreichen Gaststätten.

Wollte ein Bauer ein »Saures« mit heimnehmen, so füllte der Wirt in der Zeit vor der Plastiktüte kurzerhand eine Schweinsblase mit dem Gewünschten. Der Bauer trug diese dann, an seinen Laufstock gehängt, befriedigt nach Hause.

Pfingsten

An Pfingsten gab es einen alten Kinderbrauch, das »Pfingsten«. Ein Trüpplein Kinder eines Jahrganges zog von Haus zu Haus und klopfte an die Türen. Mit dem Sprüchlein »Pfingsten raus, Glück ins Haus, Eier in Kretta (Korb), Schmalz in Hafen, Geld in Beutel, no gohts weiter« wanderten sie im Dorf umher. Sie trugen eine kleine Birke mit sich. Mit einem Zweiglein davon bedankten sie sich für erhaltene Gaben bei den Spendern.

Mit ihren Schätzen beladen, zogen sie zu einer der Mütter, die das Mehl dazugab und aus allen Zutaten Küchle buk. Diese wurden dann gemeinsam in fröhlicher Runde verzehrt.

Im Sommer

In dieser arbeitsreichen Jahreszeit hatte man wenig Zeit, Feste zu feiern und ausgiebig zu kochen und zu essen. Oft war in der Hitze der Durst größer als der Hunger. Ein bekannter Zuruf vor der Heuernte war zum Beispiel »Ich wünsch Euch einen durstigen Heuet«, was soviel bedeutete, wie ich wünsche Euch gutes Wetter für die bevorstehende Arbeitsspitze. Wenn es recht heiß und mitten in der Heuernte war, nahm man ein kaltes Vesper mit Brot, Wurst und gekochten Eiern mit auf die Wiese. In einer Arbeitspause wurde dies dann im Schatten einer Hecke oder eines Baumes verzehrt. Der Most wurde in einem irdenen Goggen (große

Steinzeugflaschen mit Schnappverschluß) mit auf das Feld genommen und dort in einem mit nassem Klee gefüllten Korb frisch gehalten.

Sichelhenke
Nach dem Einbringen der Ernte feierte man Sichelhenke. Der letzte Garbenwagen wurde mit Laub geschmückt in die Scheune gefahren. Alle, die mitgeholfen hatten, wurden zum Erntefest geladen. Neben dem normalen Festessen wurden Ernteküchlein gebacken, das ist Schmalzgebäck, über einen Holzklotz oder übers Knie in Form gezogen und mit Zucker bestreut (Rezept Seite 110).

Erntedank
Das Erntedankfest ist auch heute noch am ersten Oktobersonntag. Es wird mit einem Gottesdienst in der Kirche gefeiert. Zum Schmücken des Altars wurde im Dorf vorher gesammelt. Kartoffeln, Gemüse, Obst, Mehl, Eier und Schmalz werden zusammengetragen, und jeder trug sein Scherflein entsprechend seiner Möglichkeiten bei. Diese Gaben waren für Tagelöhner und arme Leute bestimmt.

Kirchweih
Am 3. Oktobersonntag ist Kirchweih. Bis dahin wollte man eingeschafft haben, das heißt, alle Feldfrüchte sollten geerntet sein. Dies war jedoch je nach Witterung nicht in jedem Herbst möglich. Begangen wurde dieser Festtag mit viel Gebäck, meist Apfel- und Zwetschgenkuchen, der Jahreszeit entsprechend. Im Backhaus wurden Lose auch für die Nacht vergeben, damit jeder Haushalt zum Zuge kam. Jeder Dienstbote und alle, die das Jahr über geholfen hatten, bekamen jeweils einen ganzen Kuchen.

Kirchweih war auch ein Tag, an dem man sich gegenseitig besuchte, Freunde einlud und Verwandte sah.

Oft gab es da schon Zwiebelkuchen und neuen, frischgekelterten oder zapfenräsen (leicht angegorenen) Most.

Weihnachten
Vor Weihnachten wurden Lebkuchen, Springerle und Ausstecherle nach überlieferten Rezepten gebacken. Sie mußten sicher und unter Verschluß aufbewahrt werden, wollte man sie am Festtag noch vorfinden. Süßes war rar und die Familienmitglieder waren findig, so daß sich die Hausfrau gute Verstecke ausdenken mußte, vor allem vor den naschhaften Männern.

Auch das Hutzelbrot war ein traditionelles Gebäck, zu dem die Zutaten schon im Sommer sorgfältig ausgewählt und getrocknet worden waren. Birnen- und Apfelschnitze und Zwetschgen wurden nach dem Brotbacken mit der noch verbleibenden Wärme getrocknet. Zum Hutzelbrot wurden diese Zutaten eingeweicht, kleingeschnitten und unter besonders festen Schwarzbrotteig gemischt. Nach dem Backen mit Hutzelbrühe bestrichen, hielt es sich bis lange nach Weihnachten frisch.

Auch Apfelwecken waren beliebt. Feingeschnittene Äpfel wurden in Weißbrotteig geknetet und Wecken daraus geformt. Aufgeschnitten und mit Butter bestrichen, waren sie bei Jung und Alt beliebt.

Besondere Festessen für die Feiertage im Jahreslauf wie Ostern, Pfingsten und Weihnachten gab es wohl selten. Wollte man sich etwas besonderes leisten, so kaufte man für solche Tage frisches Fleisch in einer der wenigen Metzgereien. Dies war eine Gelegen-

Sichelhenke. Die Getreideernte ist beendet, die letzten Garben werden eingefahren. Zuvor wird ein Dankgebet gesprochen.

heit, an Stelle des alltäglichen Schweinefleischs ein paar Mal im Jahr Rinder- oder Kalbsbraten auf den Tisch zu bringen. Hin und wieder leistete man sich an solchen Tagen zum Vesper auch frische Wurst.

Tischgebet

Vor und nach den drei Hauptmahlzeiten wurde in den meisten Häusern von der Magd, Hausmutter oder einer Tochter, seltener vom Sohn in monotoner Weise ein Gebet, mehr brauchshalber gesprochen. Es war in allen Häusern dasselbe und wurde im Stehen von der ganzen Hausgemeinschaft angehört. Es lautet:

Herr, wir gehen zu dem Essen
laß uns Deiner nicht vergessen,
denn Du bist das Himmelsbrot.
Speis die Leiber, stärk die Seelen,
die wir Dir jetzt anbefehlen,
steh uns bei in aller Not.
Hilf, daß wir nach dieser Erden
Deine Gäst' im Himmel werden
Komm Herr Jesu sei unser Gast,
und segne,
was Du uns bescheret hast.
Amen.

Nach dem Essen:

Gottlob, wir haben g'essen.
Du bist mit zu Tisch gesessen,
hast gesegnet Deine Gaben,
daß wir mögen uns erlaben.
Dank sei Dir für Deinen Segen,
gib uns Früh- und Abendregen,
krön' das Jahr mit Deiner Güte,
vor dem Hunger uns behüte,
Pest und Krieg fern von uns treibe
mit Deiner Gnad' stets bei uns bleibe,
laß Dein kräftig Wort uns speisen
bis wir mit der Seele reisen,
hier aus diesem Weltgetümmel
in den schönen Gotteshimmel.
Für Deine Speis' und Trank
sagen wir Dir Lob und Dank.
Amen.

Quelle: Sammlung volkskundlicher Überlieferungen in Seißen von Karl Friedrich Pfeffer aus dem Jahr 1911.

Vorbemerkung zu den Rezepten

Die Rezeptsammlung basiert auf einer Ausschreibung im Württembergischen Landwirtschaftlichen Wochenblatt. Gefragt war nach traditionellen Rezepten der regionalen Küche, nach Festtags- und Alltagsgerichten.

Aus den zahlreichen Einsendungen von weit über 500 Rezepten wurden die für die Region typischen und seit Großmutters Zeiten bekannten und beliebten Rezepte ausgewählt, die, sehr vereinfacht ausgedrückt, die schwäbische Küche ausmachen. Das sind Rezepte aus dem Hohenlohischen, die zum Teil ebensogut als fränkisch gelten können, Rezepte aus dem Neckarraum, von der Alb, auf die Brigitte Heinrich in ihrer Einführung besonders eingeht, bis ins schwäbische Allgäu, wo sich die schwäbische mit der bayerischen Küche trifft.

Alle Einsenderinnen und Einsender sind am Ende des Buches namentlich aufgeführt. Allen sei an dieser Stelle für ihre vielen Vorschläge gedankt.

Es war natürlich nicht zu vermeiden, daß manches ausgeschieden werden mußte, weil die Zutaten ungenau oder die Zubereitungsanweisung mißverständlich war, weil viele Rezepte mehrfach eingeschickt wurden und auch Vorschläge darunter waren, die zwar der heutigen Küche durchaus vertraut und für die modernen Landfrauen selbstverständlich sind, aber von ihren Müttern und Großmüttern nie zubereitet wurden, weil sie die Zutaten gar nicht zur Verfügung hatten.

Vieles mußte umformuliert werden, um den Rezepten eine einheitliche Form zu geben, so daß manche Einsender ihr Rezept vielleicht kaum wiedererkennen. Um aber den Rezepten ihre Originalität zu belassen, wurde darauf verzichtet, Bezeichnungen für Gerichte und Zutaten zu vereinheitlichen. So ist der Plootz und der Blatz das gleiche Gebäck, sagen die einen Rahm und die anderen Sahne, und daß Brötchen, Wecken und Semmeln das gleiche sind, muß sicher nicht erklärt werden.

Häufig wiederkehrende Grundrezepte wie der süße und salzige Hefeteig, Spätzle, Vanille- und Chaudeau-Sauce sind nur einmal aufgeführt und über das Register einfach zu finden.

Über das »richtige« Spätzlesrezept läßt sich natürlich prächtig streiten und ebenso über die »richtige« Füllung für Maultaschen. Wie es bei diesen um die Frage, ob mit oder ohne Spinat und mit oder ohne Rauchfleisch geht, geht es bei den Spätzle um das »richtige« Verhältnis von Eiern und Mehl und damit zwangsweise um die Frage, ob mit oder ohne Wasser. Entscheidend ist, daß der Teig für Brettspätzle nicht fließen darf, für durchgedrückte sollte er etwas flüssiger sein.

Die Rezepte setzen sämtlich gewisse Grundkenntnisse im Kochen voraus, deshalb wird es nicht schwerfallen, nach eigenem Gutdünken Einzelheiten zu verändern und auf den Familiengeschmack abzustimmen.

Es ist zu wünschen, daß recht viele dieser Rezepte in den Familienspeisezettel aufgenommen und auf diese Weise vor dem Vergessen bewahrt werden. Daß manches daran aus heutiger Sicht »ungesund« ist, kann durch viel »Gesundes« unschwer ausgeglichen werden.

Traditionsrezepte aus Württemberg

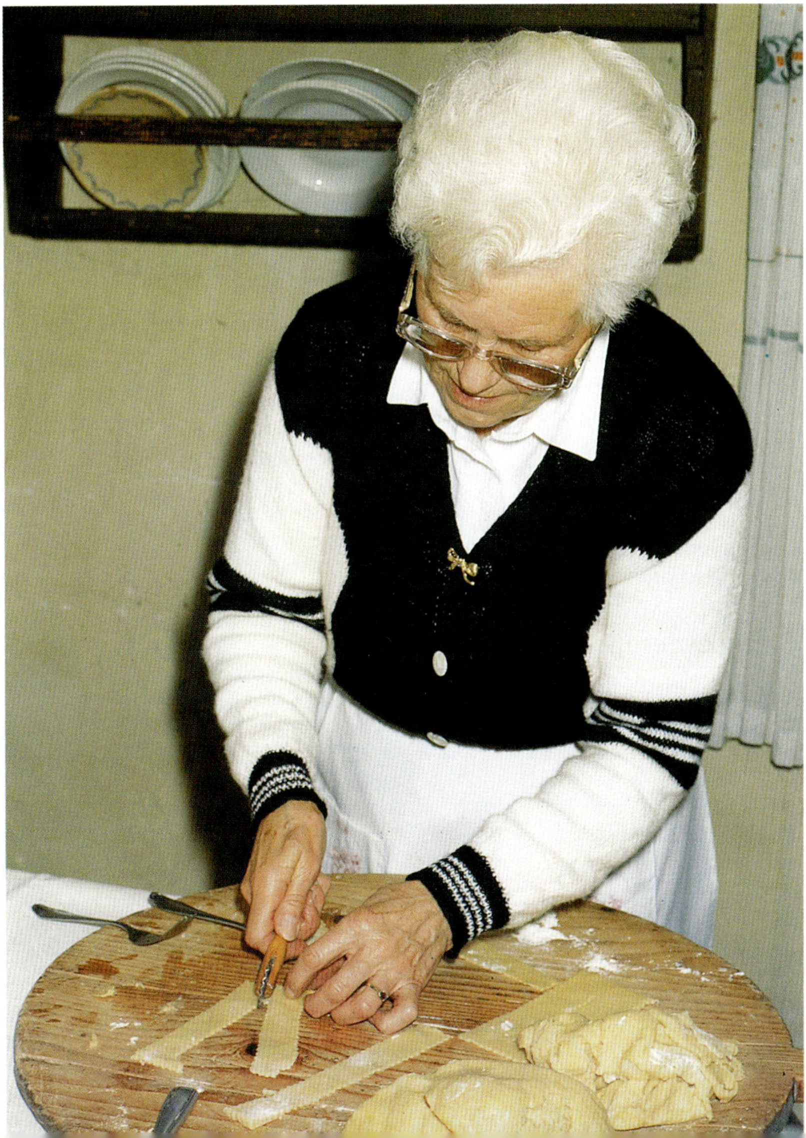

Suppen

Rindfleischsuppe mit Kräuterflädle

60 g Mehl
4 Eier
125 ml Milch
1 Eßlöffel zerlassene Butter
Salz
2 Eßlöffel feingewiegte Kräuter:
Dill, Kerbel, Petersilie, Estragon
1,5 l Fleischbrühe

Für die Flädle Mehl und Salz in eine Schüssel geben und mit den Eiern verrühren. Die Milch unter Rühren hinzufügen und zum Schluß die flüssige Butter zugeben. Den Teig eine Stunde stehenlassen. Die Kräuter wiegen und in den Teig geben. Hauchdünne Flädle in der Pfanne backen. Wenn sie etwas erkaltet sind, kurz vor dem Servieren in feine Streifen schneiden und in die heiße Fleischbrühe geben.

Backspätzlesuppe

250 g Mehl
1 Teelöffel Backpulver
1 Prise Salz
0,25 l Milch
1 Ei
2 l Fleischbrühe
Backfett

Mehl, Backpulver, Salz und das Ei in eine Schüssel geben. Milch fast zum Kochen bringen und mit den oben genannten Zutaten verquirlen. Teig mit dem Spätzleshobel ins heiße Backfett schaben und goldbraun backen. Mit dem Schaumlöffel herausnehmen und abtropfen lassen. Die Backspätzle beim Anrichten mit der heißen Fleischbrühe übergießen.

Bauernhochzeitsbrühe

500 g Rindfleisch
2–3 l Wasser
1 Zwiebel
1 Karotte
1 kleine Stange Lauch
etwas Sellerie
2 Pfefferkörner
2 Lorbeerblätter
2–3 Nelken
2 Pimentkörner
40 g Butter
2 Eßlöffel Mehl
1 Tasse Sultaninen
Zitronensaft
Zucker
etwas gemahlene Nelken

Das Rindfleisch mit kaltem Wasser, den Gemüsen und den Gewürzen zum Kochen bringen, bis das Fleisch gar ist. Aus der Butter und dem Mehl eine dunkle Mehlschwitze herstellen. Mit der abgesiebten Fleischbrühe ablöschen, die Sultaninen zugeben, mit Zitronensaft, Zucker und Nelken abschmecken.

Das Fleisch wird dann im zweiten Gang mit Kartoffeln und Preiselbeeren serviert.

Flädlesuppe.

Schlenderlessupp'

1 l Fleischbrühe
2 Eßlöffel Mehl
1 Ei
1 Eßlöffel Wasser
Salz, Muskat
Schnittlauch

Die Fleischbrühe zum Kochen bringen. Aus Mehl, Ei, Wasser und Gewürzen einen glatten Teig rühren und diesen mit der Messerspitze in die kochende Brühe streifen. Mit Schnittlauchröllchen bestreut servieren.

Bouillon mit grünem Eierstich

250 g pürierter Spinat
4 Eier
1 halbe Tasse Milch
Salz, Muskat
2 l Rinderbouillon

Eier mit Milch und den Gewürzen verquirlen, den Spinat hinzufügen. Die Mischung in einer kleinen Pfanne bei milder Hitze oder im Wasserbad etwa 15 Minuten garen, in Würfel schneiden und der Rinderbouillon zufügen.

Nudelsuppe

1,5 l Fleischbrühe
80 g Nudeln
Salz, Schnittlauch

In die kochende Fleischbrühe streut man die einmal durchgebrochenen Nudeln ein und läßt sie 5–8 Minuten kochen. Die gut abgeschmeckte Suppe wird beim Anrichten mit Schnittlauch bestreut.

Grießklößchensuppe

3–4 Eier
Grieß nach Bedarf
Salz, Muskat
1 Teelöffel Backpulver
Schmalz zum Ausbacken
Fleischbrühe

Aus den Zutaten einen Teig rühren, der etwas weicher als ein Spätzleteig sein sollte; etwas stehenlassen. In einem weiten Topf Schmalz erhitzen. Mit einem Kaffeelöffel gibt man kleine Klößchen hinein und backt sie unter Umwenden rundum goldbraun. Man gibt sie sogleich in eine Schüssel mit kaltem Wasser (dadurch vergrößert sich ihr Volumen nochmals). Auf einem Sieb läßt man die Klößchen abtropfen und übergießt sie mit heißer Fleischbrühe, die man mit Schnittlauch bestreut sofort zu Tisch bringt.

Suppenklößchen

0,5 l Milch
100 g Butter
100 g Grieß
250 g Mehl
5 Eier
Salz, Muskat

Milch, Butter und Gewürze läßt man in einem Topf aufkochen, gibt Mehl und Grieß auf einmal hinein und rührt die Masse so lange, bis sie sich zu einem Kloß zusammenballt. Man nimmt sie vom Herd und gibt ein Ei nach dem anderen hinein (nach jedem Ei muß der Teig wieder vollständig glattgerührt

Grießklößchensuppe.

werden). Man füllt den Teig in einen Spritzbeutel oder setzt mit zwei Kaffeelöffeln kleine Klößchen auf ein gefettetes Backblech und backt sie bei guter Hitze hellgelb.

Milzschnittensuppe

Für die Schnitten:
250 g Milz
1 Zwiebel
1 kleiner Bund Petersilie
40 g Butter
2–3 Semmeln
Salz, Pfeffer
Für den Ausbackteig:
100 g Mehl
1 Ei
125 ml Bier
Salz
Ausbackfett
1,25 l Fleischbrühe

Die Milz säubern, mit der Zwiebel und der Petersilie durch den Fleischwolf drehen, die Masse 15 Minuten in heißem Fett andünsten und würzen. Die Semmeln in Scheiben schneiden, je eine Scheibe mit der Milzmasse bestreichen, mit einer zweiten Scheibe bedecken und andrücken.

Aus Mehl, Ei, Bier und Salz einen flüssigen Ausbackteig herstellen, die Milzschnitten in den Teig tauchen und in heißem Fett goldgelb backen. Auf Suppenteller verteilen und mit kochender Fleischbrühe übergießen, mit Schnittlauch bestreuen.

Die Hochzeitssuppe enthält in der Fleischbrühe mindestens vier verschiedene Einlagen: Eierstich, Backspätzle, Markklößchen, Grieß- oder Suppenklößchen.

Leberspätzlesuppe

100 g Rinderleber
20 g Butter
1 Ei
40 g Semmelbrösel
1 Zwiebel
Salz
Petersilie
Fleischbrühe

Die Leber durch den Fleischwolf drehen, mit Butter, Ei, Semmelbröseln, der fein gewiegten Zwiebel und dem Salz vermischen und gut durcharbeiten. Die Masse durch den Spätzledrücker pressen oder vom Brett schaben und in der kochenden Fleischbrühe garen, mit Petersilie bestreuen.
Variante: Noch etwas Semmelbrösel oder Mehl zu der Masse geben, mit dem Eßlöffel Knödel abstechen und diese in der Brühe garziehen lassen.

Markklößchensuppe

80 g Mark
80 g Butter
4 kleine Eier
120 g Weckmehl
Salz, Muskat
Schnittlauch
1,5 l Fleischbrühe

Das Mark in einem kleinen Topf auslassen, abseihen und etwas auskühlen lassen. Die weiche Butter unterrühren, Salz, Muskat, Eier und das Weckmehl daruntermischen, 10 Minuten ruhen lassen. Aus der Masse ein Probeklößchen ziehen lassen. Falls es auseinanderfällt, noch etwas Weckmehl hinzufügen. Nun aus dem Teig kleine Kugeln formen und in der Brühe ziehen lassen, bis sie an die Oberfläche steigen, etwa 10 Minuten im offenen Topf. Die Suppe abschmecken und mit Schnittlauch bestreut servieren.

Mutschelmehlklößchensuppe

1 Ei
3 Eßlöffel Mutschelmehl
Salz, Muskat
Fleischbrühe

Das Ei mit dem Schneebesen gut schlagen, das Mutschelmehl dazugeben, mit Salz und Muskat würzen. Den Teig eine Stunde ruhen lassen. Kleine Klößchen abstechen, die man in kochender Fleischbrühe 15 Minuten ziehen läßt. Die Suppe mit Schnittlauch bestreut servieren.

Hühnerbrühe mit gefüllten Flädle

Für die Flädle:
150 g Mehl
250–375 ml Milch
1 Ei
Panade für die Flädle
Fett zum Ausbacken
Für die Füllung:
200 g Hackfleisch
50 g Bratwurstbrät
1 kleine Zwiebel
1 Knoblauchzehe
Petersilie
Salz, Pfeffer
Hühnerbrühe

Die Zutaten für die Füllung vorbereiten: Zwiebel und Petersilie fein hacken, Knoblauchzehe durchpressen, mit den Fleischzutaten und den Gewürzen gut mischen.

Aus den oberen Zutaten einen Flädleteig herstellen, dünne Flädle in heißem Fett backen.

Die Flädle mit dem Fleischteig bestreichen und aufrollen. Gefüllte Flädle panieren und langsam knusprig backen. Wenn sie erkaltet sind, in Streifen schneiden und in die heiße Hühnerbrühe geben.

Riebelesuppe

250 g Mehl
2–3 Eier
Salz
Fleischbrühe
Schnittlauch

Aus Mehl, Eiern und Salz einen festen Nudelteig kneten. Nachdem der Teig geruht hat, flachdrücken und mit einem Messer in kleine, erbsengroße Stückchen hacken oder auf einem Riebeleeisen reiben, in kochende Fleischbrühe einstreuen, etwa 10 Minuten ziehen lassen, mit Schnittlauch bestreuen.

Macht man größere Mengen, trocknet man die Riebele und hebt sie in einem Leinensäckchen auf.

Kartoffeleinlaufsuppe

1–2 rohe, geriebene Kartoffeln
1–2 Eier
Salz
etwas Milch
1,5 l Fleischbrühe

Riebeleteig wird auf einem groben Reibeisen gerieben und in die Fleischbrühe gegeben oder für den Vorrat getrocknet.

Die Fleischbrühe zum Kochen bringen. Die geriebenen Kartoffeln hineingeben. Die mit Milch und Salz verrührten Eier langsam in die Suppe laufen lassen. 5 Minuten kochen, abschmecken und heiß servieren.

Ochsenschwanzsuppe

500 g Ochsenschwanz
100 g Butter
1 Zwiebel
Suppengrün
1 Eßlöffel Mehl
1 Teelöffel Salz
etwas Pfeffer
125 ml Rotwein
geröstete Weißbrotwürfel

Den Ochsenschwanz mit den Gelenken durchschneiden und in einem Teil der Butter mit Zwiebeln und Suppengrün langsam braun anbraten, mit 2 l Wasser ablöschen, die Gewürze zugeben und gut 2 Stunden kochen lassen, bis das Fleisch gar ist. In der restlichen Butter das Mehl braun anrösten, mit der durchgesiebten Ochsenschwanzbrühe auffüllen und noch 30 Minuten kochen. Zuletzt den Wein zugeben und die Suppe über den feinstreifig geschnittenen Stücken vom Ochsenschwanz anrichten und geröstete Weißbrotwürfel dazureichen.

Metzelsuppe

50 g Schweineschmalz
1 kleine Zwiebel
2 Leberwürstchen
2 Blutwürstchen
1,5 l Wasser oder Metzelbrühe
4 Scheiben Schwarzbrot
Salz, Pfeffer, Muskat, Majoran

Von den Würstchen die Haut entfernen. Die gewürfelten Zwiebeln im Schmalz anbraten, die Würstchenmasse zugeben und etwas mitbraten lassen. Dann das kochende Wasser zugeben und umrühren. Das Brot in kleine Würfel schneiden und ebenfalls hineingeben. Alles etwa 5 Minuten kochen und abschmecken, Schnittlauch darüberstreuen. Die klassische Metzelsuppe ist auf Seite 15 beschrieben.

Sauerampfersuppe

4 Handvoll Sauerampferblätter
60 g Butter
Salz, Muskat
200 g süße Sahne
1 Eigelb
4 Scheiben Vollkornbrot
etwas Most oder Weißwein
1 l Fleischbrühe

Die Sauerampferblätter fein hacken und in 30 g Butter andünsten, mit 1 l Fleischbrühe aufgießen und 15 Minuten leicht köcheln lassen, mit Salz und Muskat abschmecken. Die Sahne mit dem Eigelb verquirlen und die nicht mehr kochende Suppe damit legieren. Das Vollkornbrot in Würfel schneiden und in 30 g Butter in der Pfanne braun anrösten. Die Suppe mit Most oder Weißwein verfeinern und beim Anrichten die Brotwürfel auf die Suppe geben.

Metzelsuppe mit Blut- und Leberwürsten und Sauerkraut gab es früher am Schlachttag.

Gebrannte Mehlsuppe

40 g Butter oder Schmalz
60 g Mehl
1 l Fleischbrühe
Salz, Pfeffer, Kümmel
Kräuter der Saison wie:
Schnittlauch, Petersilie,
Kerbel, Liebstöckel,
Sauerampfer und andere

Das Fett schmelzen und das Mehl darin hellbraun werden lassen, mit der Fleischbrühe ablöschen und kräftig durchkochen lassen, mit Salz, Pfeffer und Kümmel abschmecken. Die gewaschenen, kleingehackten Kräuter in die kochende Brühe geben. Man kann geröstete Brotwürfelchen auf die Suppe setzen.

Biersuppe mit Schnee-Eiern

0,5 l helles Bier
0,5 l Milch
75 g Zucker
3 Eßlöffel kalte Milch zum Anrühren
2 Päckchen Soßenpulver Vanillegeschmack
1 Prise Zimt
etwas Zitronensaft
1 Ei
2 Teelöffel Zucker
1 Eßlöffel Wasser zum Anrühren

Das Soßenpulver mit dem Zucker und den 3 Eßlöffeln Milch anrühren. Die Milch und den Zimt erhitzen, in die kochende Milch das angerührte Soßenpulver einrühren und einmal aufkochen lassen, das Bier zugeben, den Zitronensaft und den restlichen Zucker beifügen, bis kurz vor dem Kochen erhitzen und mit dem in Wasser verquirlten Eigelb abziehen. Das Eiweiß zu sehr steifem Schnee schlagen, von diesem kleine Klößchen abstechen und auf die kochend heiße Suppe setzen. Soll die Suppe als Kaltschale gereicht werden, die Klößchen auf heißem Wasser fest werden lassen.

Mostsupp'

1 l vergorener Apfel- oder Birnensaft
2 Eier
1 Eßlöffel Stärkemehl
1–2 Eßlöffel Zucker

Den Obstmost mit den Eiern, dem Zukker und dem Stärkemehl gut verschlagen und dann zum Kochen bringen. Wenn man will, kann man noch eine Handvoll Sultaninen dazugeben.

Laugenbrezelsuppe

4 altbackene Laugenbrezeln
2 Eigelb
4 Eßlöffel Sahne
Salz, Muskat
Schnittlauch
1 l Fleischbrühe

Über die in Streifen geschnittenen Brezeln die kalte und entfettete Fleischbrühe gießen und im zugedeckten Topf etwa 30 Minuten durchziehen lassen. Dann alles leicht kochen lassen, bis sich die Brezeln aufgelöst haben. Die Suppe durch ein großes Sieb passieren, nochmals aufkochen. Sollte sie zu dick sein, mit etwas Fleischbrühe oder Milch verdünnen, abschmecken, Eigelb mit Sahne verrührt zugeben und mit Schnittlauch bestreuen.

Milchsuppe

1 l Milch
100 g Schwarzbrot
Salz, Muskat

Das Schwarzbrot in dünne Scheiben schneiden, die Milch bis zum Kochen erhitzen, mit Salz und Muskat abschmecken. In eine Suppenterrine gibt man die Schwarzbrotscheiben und gießt die heiße Milch darüber.

Milchklümpchensuppe

1,5 l Magermilch
1–2 Eßlöffel Zucker
1 Prise Salz
Zimt
abgeriebene Zitronenschale
5 Eßlöffel Mehl
5 Eßlöffel Milch
1 Ei

Man bringt die Milch mit Zucker, Salz, Zimt, Zitronenschale zum Kochen. Aus Mehl, Milch und Ei schlägt man einen flüssigen Teig. In die kochende Milch läßt man über die ganze Oberfläche das Teiglein langsam einlaufen und kocht die Suppe noch 5 Minuten unter ständigem Rühren. Vorsicht: Gefahr des Überkochens und Anbrennens!

Hafersupp' und Schalkartoffeln

1 l Wasser
1 Handvoll Hafermehl
Salz
Griebenschmalz

In das kochende Salzwasser gibt man das Hafermehl. Unter Umrühren bringt man es zum Kochen, bis es sämig ist. Mit Griebenschmalz schmälzt man die entstandene Suppe ab und reicht dazu Schalkartoffeln.

Geschmälzte Brotsuppe

1 kleine Zwiebel
25 g magerer Rauchspeck
40 g Schweineschmalz
100 g Schwarzbrotreste
etwas Kümmel
Salz, Muskat
1 Ei
1 l Fleischbrühe

Speck und Zwiebeln würfeln, im Schweineschmalz hell auslassen, das Brot in dünne Scheiben schneiden, den Kümmel dazugeben und mit der heißen Fleischbrühe auffüllen, bei leichter Hitze 5 Minuten ziehen lassen und mit Salz und Muskat abschmecken. Ein verquirltes Ei in die leicht kochende Suppe geben.

Grünkernsuppe

40 g Butter oder Margarine
60 g Grünkern
1 l Wasser
Salz, Pfeffer, Muskat
Fleischbrühwürfel
250 ml süße Sahne

Das Fett erhitzen, den Grünkernschrot zugeben und anschwitzen lassen, mit Fleischbrühe ablöschen, die Gewürze zugeben und etwa 10 Minuten kochen lassen. Vor dem Servieren gibt man die Sahne hinzu.

Als Einlage kann man geröstete Brotwürfel oder Klößchen verwenden.

Mandelsuppe

200 g geschälte Mandeln
6 hartgekochte Eier
1 l Hühnerbrühe
2 Becher süße Sahne

Eier schälen, Eigelb und Eiweiß trennen, die Mandeln und die Eigelb im Mixer pürieren, die Eiweiß in Würfelchen schneiden. Die Hühnerbrühe erwärmen, die Sahne mit der Eigelb-Mandelmasse verrühren und langsam in die Suppe einrühren, die Suppe durchkochen, abschmecken, mit dem gehackten Eiweiß mischen, in vorgewärmten Tassen servieren und mit Mandelblättchen bestreuen.

Knoblauchsuppe

1 Knolle Knoblauch
2 große Zwiebeln
2–3 große gekochte Kartoffeln
Salz, Pfeffer, Muskat
0,5 l Fleischbrühe
200 ml süße Sahne
etwas Butter oder Öl

Knoblauchknolle und Zwiebeln schälen und würfeln, in der Butter glasig dünsten, mit der Brühe ablöschen. Die Kartoffeln würfeln und mitkochen. Nach etwa 20 Minuten die Suppe pürieren und mit der Sahne verfeinern. Auf jeden Suppenteller einen Löffel in Butter geröstete Weißbrotwürfel geben und sofort zu Tisch bringen.

Hirnsuppe

1 Kalbshirn
1 Zwiebel
Petersilie
125 g Butter
4 Eßlöffel Mehl
1 Eigelb
Fleischbrühe
geröstete Brotwürfelchen

Das Kalbshirn in lauwarmes Wasser legen und häuten, danach kleinschneiden. Zwiebel und Petersilie fein wiegen und alles in der Butter andämpfen, das Mehl dazugeben und mit soviel Fleischbrühe auffüllen wie Bedarf ist, dann mit dem Eigelb abziehen und über gerösteten Brotwürfelchen anrichten.

Salzige und süße Hauptgerichte: Eintöpfe und Aufläufe

Kässpätzle

500 g fertige Spätzle (Rezept Seite 78)
100 g Butter
200 g geriebener Käse
2 Zwiebeln
Salz

Zwiebeln in Ringe oder Streifen schneiden, in 50 g Butter rösten. Die möglichst noch warmen Spätzle mit der restlichen Butter, dem Käse, Salz und einem Teil der Zwiebeln mischen. In eine Auflaufform geben, mit den restlichen Zwiebeln bestreuen und im Backofen kurz erhitzen.

Saure Spätzle

500 g fertige Spätzle (Rezept Seite 78)
20 g Butter
1 kleine Zwiebel
3 Eßlöffel Mehl
3 Eßlöffel Apfelessig
0,25 l Fleischbrühe
3 Eßlöffel Sauerrahm

Zwiebel in feine Würfel schneiden und in der Butter andämpfen, das Mehl darin anrösten, mit Apfelessig und Fleischbrühe ablöschen und 5 Minuten köcheln lassen. Abschmecken, Sauerrahm zugeben, dann die Spätzle in die Sauce legen und nochmals aufkochen. Mit Petersilie bestreuen.

Geröstete Spätzle

500 g fertige Spätzle (Rezept Seite 78)
30 g Butter
1–2 Eier
1 halbe Tasse Milch oder Sauerrahm

Die abgetropften und erkalteten Spätzle werden in einer Pfanne unter häufigem Wenden in der Butter geröstet, bis sie eine helle Kruste haben. Eier mit Milch oder Rahm verquirlen und über die Spätzle gießen, nach kurzem Backen auf eine vorgewärmte Platte stürzen.

Krautspätzle

400 g fertige Spätzle (Rezept Seite 78)
100 g magerer Speck
1 Zwiebel
4 Äpfel
300 g gekochtes, gut abgetropftes Sauerkraut
125 ml Weißwein
100 g geriebener Käse

Speck und Zwiebeln würfeln und andämpfen, Äpfel waschen, schälen, entkernen, in Scheiben schneiden, mit dem Sauerkraut in Weißwein aufkochen, die Spätzle, Speck und Zwiebeln unterrühren und die Masse in eine Auflaufform geben, mit Käse bestreuen. Bei 250 °C überbacken.

Spinatspätzle mit Rahmsauce

300 g feinpürierter, gekochter Spinat
300 g Mehl
3 Eier
etwas Milch
Salz
Für die Rahmsauce:
40 g Butter
1 Zwiebel
200 g gekochter Schinken
125 ml Weißwein
Salz, Pfeffer
200 ml süße Sahne
geriebener Parmesankäse

Aus den angegebenen Zutaten einen Spätzleteig herstellen. Für die Sauce Zwiebeln und Schinken würfeln, die Butter schmelzen, die Zwiebel- und die Schinkenwürfel kurz darin andünsten, mit Weißwein ablöschen, würzen und mit der Sahne aufgießen, heißstellen. Die Spätzle in kochendes Wasser schaben oder mit der Presse durchdrücken, kurz aufkochen lassen, mit dem Schaumlöffel herausheben, abtropfen lassen und gleich in die Rahmsauce geben. Mit geriebenem Parmesankäse servieren.

Maultaschen

500 g Nudelteig
Für die Füllung:
250 g Brät
250 g Hackfleisch
5 Eier
500 g frischer Spinat

Zu Maultaschen, geschmälzt oder in der Brühe, gehört Kartoffelsalat.

1 Zwiebel
Petersilie
100 g magerer geräuchter Bauchspeck, Braten- oder Schinkenreste
1–2 altbackene Brötle
Pfeffer, Salz

Spinat abkochen, gut ausdrücken und hacken, Zwiebel feinschneiden und in Butter glasig dämpfen, Braten- oder Schinkenreste und Bauchspeck würfeln, Brötle einweichen, alles durch den Fleischwolf drehen und abschmecken. Den Teig auswellen und in lange Streifen schneiden. Die Masse gleichmäßig auf eine Seite verteilen und die andere Seite darüberschlagen. Die vorher mit Eiweiß bestrichenen Ränder gut andrücken. Mit der Kante eines Holzbretts ca. 6 cm lange Maultaschen abteilen und durchschneiden. In sanft köchelnder Fleischbrühe ziehen lassen. Mit in Butter gebräunten Zwiebelwürfeln zu Tisch bringen.
Variante: Geröstete Maultaschen
Übriggebliebene Maultaschen in Scheiben schneiden, in der Pfanne anbraten, verquirlte Eier darübergießen, stocken lassen und mit grünem Salat zu Tisch bringen.

Schupfnudeln mit Kraut

500 g gekochtes, gut abgetropftes Sauerkraut
500 g fertige Schupfnudeln
1 Zwiebel
100 g Butterschmalz
150 g Rauchfleisch

Zwiebel hacken und anrösten, Sauerkraut zugeben und erhitzen, Rauchfleisch klein schneiden und mit den Schupfnudeln hinzufügen. Alles anrösten, bis sich eine hellbraune Farbe bildet. Man kann die Schupfnudeln auch separat anrösten und dann ins fertige Kraut geben.

Linsen mit Spätzle

300 g Linsen
20 g Butterschmalz
1 Eßlöffel Mehl
1 Zwiebel
1 Karotte
1 kleine Stange Lauch
1 Eßlöffel Tomatenmark
Salz, Pfeffer
2–3 Eßlöffel Essig
1 Eßlöffel Zucker

Linsen ein paar Stunden einweichen und dann ohne Salz in reichlich Wasser fast weichkochen, auf ein Sieb geben und das Kochwasser auffangen. Im Topf aus Schmalz und Mehl eine dunkle Mehlschwitze machen und mit einem Teil des Linsenwassers ablöschen. Das kleingeschnittene Gemüse und die Linsen hinzugeben, mit Tomatenmark, Essig, Zucker, Salz und Pfeffer abschmecken, noch 10–15 Minuten köcheln lassen.

Mit Spätzle und heißen Saitenwürstle anrichten.

Grüne Krapfen

500 g Mehl
3–4 Eier
Salz
etwas Wasser
Für die Füllung:
2–3 altbackene Wecken
2 Eier
100 g Rauchfleisch
Zwiebelröhrle
Schnittlauch
Salz, Pfeffer, Muskat
etwas Fett

Nudelteig herstellen und dünn auswellen. Die Wecken und das Rauchfleisch in Würfelchen schneiden, reichlich Zwiebelröhrle und Schnittlauch kleinschneiden. Alles zusammen in Fett andämpfen. Die Eier verrühren, die Gewürze dazugeben und alle anderen Zutaten damit vermischen, gut abschmekken. Vom Nudelteig Vierecke ausrädeln, mit einem Löffel von der Masse versehen, die Ränder mit Eiweiß bestreichen und gut andrücken. Eine Kasserolle einfetten, Krapfen nebeneinander hineinlegen, etwas Wasser zugeben, so daß sie fast bedeckt sind und auf dem Herd zugedeckt dünsten, bis kein Wasser mehr vorhanden ist. Dazu paßt Kartoffelsalat und grüner Salat.

Krautkrapfen

Für den Nudelteig:
4 Eier
Salz
soviel Mehl, wie die Eier aufnehmen
Für die Füllung:
150 g Weißbrotwürfel
500 g Sauerkraut
2 Eier
3 Eßlöffel Milch
1 mittelgroße Zwiebel
Salz, Pfeffer, Muskat
Fett zum Andämpfen
Fleischbrühe

Die feingeschnittene Zwiebel glasig dämpfen, Sauerkraut und Salz zugeben, schön gelb anrösten. Die Weißbrotwürfel daruntermischen und etwas mitrösten. Eier und Milch verrühren und unter die noch lauwarme Masse mischen, mit den Gewürzen abschmekken. Den Nudelteig zubereiten, mit der Nudelmaschine auswellen, in ca. 12 cm lange Stücke schneiden und mit der Fülle belegen. Rollen formen und in eine Kasserolle mit kochender Fleischbrühe legen, die die Krapfen bis zur Hälfte bedecken soll. Bei nicht zu starker Hitze köcheln lassen, bis die Brühe eingekocht ist und sich eine Kruste gebildet hat. Die Kasserolle mit den Krapfen in eine auf 200 °C vorgewärmte Backröhre stellen und mit der geschmälzten Zwiebel noch 10 Minuten überbacken. Beim Kochvorgang müssen die Krapfen mit einem Deckel verschlossen werden.

Bohneneintopf

250 g weiße Bohnenkerne
1 l Wasser
3 Zwiebeln
1 Lorbeerblatt
5 Gewürznelken
8 Pfefferkörner
1 gehäufter Teelöffel Salz
500 g Schweinefleisch
2 Eßlöffel Öl
weißer Pfeffer
500 g Tomaten
1 flacher Teelöffel Thymian
1 Messerspitze Bohnenkraut

Die Bohnen über Nacht in Wasser einweichen, mit 1 geschnittenen Zwiebel, 1 Lorbeerblatt, 3 Gewürznelken, den Pfefferkörnern und Salz im Einweichwasser garen. Das Öl erhitzen, das gewürfelte Fleisch darin anbraten, die geschnittenen Zwiebeln dazugeben und mit anrösten. Die Tomaten in Scheiben schneiden und alles zu dem Bohnentopf geben. Die restlichen Gewürze einstreuen, abschmecken und etwa 30 Minuten weiterkochen lassen. Nach Belieben mit etwas Speisestärke binden, falls man den Eintopf eher gebunden wünscht.

Jägerkohl

750 g Weißkohl
500 g Kartoffeln
250 g Speck
1 Zwiebel
30 g Mehl
0,5 l Fleischbrühe
2 Eßlöffel Zucker
1 Eßlöffel Salz
Essig

Den vorbereiteten Kohl in feine Streifen schneiden, die geschälten Kartoffeln in Scheiben schneiden, Speck würfeln und ausbraten, die Zwiebeln ebenfalls würfeln und in dem ausgelassenen Speck glasig dünsten. Das Fett absieben und das Mehl darin bräunen, mit der Fleischbrühe ablöschen, mit Salz, Zukker und Essig abschmecken, dann schichtweise Kohl und Kartoffeln in die Sauce geben und 90 bis 120 Minuten schmoren lassen, zuletzt das Speck-Zwiebel-Gemisch darübergeben.

Käseknöpfle

Für den Nudelteig:
500 g Mehl
1 Prise Salz
2–3 Eier
wenig Wasser
Für die Füllung:
500 g trockener Quark

2 Eier
3 Eßlöffel Petersilie
3 Eßlöffel Schnittlauch
Salz, Pfeffer
geröstete Semmelbrösel

Aus den angegebenen Zutaten einen Nudelteig zubereiten, den man recht dünn auswellt. Kleine Vierecke ausrädeln. Die Füllung aus den angegebenen Zutaten herstellen und gut vermischen. Auf jedes Viereck 1 Eßlöffel Füllung geben, über Eck zusammenklappen, festdrücken und in Salzwasser 10 Minuten sanft köcheln. Abtropfen lassen und mit reichlich gerösteten Semmelbröseln anrichten. Beilage: grüner Salat.

Gaisburger Marsch Kartoffelschnitz und Spätzle

150 g Mehl
2 Eier
1 flacher Teelöffel Salz
bei Bedarf etwas Wasser
500 g Kartoffeln
etwas Butter
gehackte Zwiebeln
Schnittlauch
1 l Fleischbrühe
Siedfleisch

Aus Mehl, Eiern, Salz und Wasser – wie üblich – Spätzle herstellen. Kartoffeln in Würfel schneiden und in der Fleischbrühe garen, Spätzle und gewürfeltes Siedfleisch dazugeben, Zwiebeln in Butter hellgelb bräunen und vor dem Servieren mit dem Schnittlauch auf die dicke Suppe geben.

Ein Siedfleischrest oder übriges Kesselfleisch vom Schlachttag paßt in den Gaisburger Marsch.

Kartoffelsuppe

750 g in der Schale gekochte Kartoffeln
2 Gelbe Rüben
1 sehr kleine Sellerieknolle
500 g Zwiebeln
50 g Räucherspeck
Suppengrün
1,5 l Fleischbrühe
Salz, Pfeffer, Thymian
100 ml saure Sahne
4 Kochwürste

Kartoffeln schälen und würfeln. Gelbe Rüben und Sellerie schälen und in Würfel schneiden, Zwiebel schälen, vierteln und in feine Streifen schneiden, Speck würfeln und im Suppentopf auslassen, die Zwiebeln darin glasig dünsten, mit der heißen Fleischbrühe ablöschen. Das vorbereitete Gemüse und die Kartoffeln zugeben, ebenso das Suppengrün und die Gewürze. 30 Minuten bei kleiner Flamme köcheln lassen. 10 Minuten vor Ende der Garzeit die in Scheiben geschnittenen Würste zugeben, zuletzt die saure Sahne unterziehen.

Saure Kartoffelrädle

1 kg Kartoffeln
40 g Fett
60 g Mehl
1 feingeschnittene Zwiebel
0,75 l Fleischbrühe
1 Eßlöffel Essig
Salz, Pfeffer
1 Lorbeerblatt, 1 Nelke
1 kleine, gewürfelte Gewürzgurke

Kartoffeln mit der Schale kochen. Aus Fett und Mehl eine dunkle Mehlschwitze herstellen und die Zwiebel darin andämpfen, mit Fleischbrühe ablöschen, mit Essig, Salz, Pfeffer, Lorbeerblatt und Nelke würzen und 30 Minuten kochen lassen, abseihen. Die geschälten und in Scheiben geschnittenen Kartoffeln in die Sauce geben, die Gewürzgurke hinzufügen und 15 Minuten kochen lassen. Beilage: Bratwürste.

Quark-Kräuter-Plinsen

250 g trockener Magerquark
1 halbe Tasse Milch
1 Tasse gehackte Kräuter
150 g Grieß
4 Eßlöffel Weckmehl
Salz, Pfeffer
150 g roher oder gekochter Schinken
Fett

Schinken in Würfel schneiden, aus allen Zutaten einen Teig herstellen, gut abschmecken. Teig zu einer Rolle formen, 1 cm breite Scheiben abschneiden und in heißem Fett von beiden Seiten goldbraun backen. Dazu passen Salate.

Auflauf Sommergarten

300 g Bohnen
1 Teelöffel Salz
1 große Zwiebel
300 g Gelbe Rüben
300 g Frühkartoffeln
2 Kohlrabi
250 ml Milch
3 Eier
30 g Butter
1 Bund Petersilie
etwas Sauerrahm
Salz, Pfeffer

Gelbe Rüben, Kartoffeln, Kohlrabi schälen und in Scheiben schneiden, Bohnen fädeln und in Stücke brechen, Zwiebel kleinschneiden. Alle Gemüse in wenig kochendes Salzwasser geben und köcheln lassen, bis alles gar und das Wasser verschwunden ist. Alles in eine gebutterte, vorgewärmte Auflaufform geben, Eier mit Milch und Sauerrahm verquirlen, würzen, Petersilie zufügen, über das Gemüse geben, Butterflöckchen aufsetzen und im Backofen bei Mittelhitze kurz stocken lassen. Den Auflauf heiß servieren.

Gefüllte Flädle

250 g Mehl
125–250 ml Milch
125 ml Mineralwasser oder Wasser
1–2 Eier
Salz, Pfeffer, Muskat
Sesam zum Bestreuen
Für die Füllung:
150 g gekochte Kartoffelwürfel
100 g gekochte Selleriewürfel
150 g blättrige Champignons
100 g gekochte Maiskörner
1 Ei
80 g Quark
50 g süße Sahne
50 g geriebener Käse
2 Eßlöffel süße Sahne
Salz, Pfeffer, Muskat Thymian
1 Knoblauchzehe, zerdrückt

Aus Mehl, Milch, Mineralwasser, Eiern und den Gewürzen einen Teig zubereiten und dünne Flädle davon backen, nach dem Wenden mit Sesam bestreuen. Die Zutaten für die Füllung vermengen, gut durcharbeiten und die Flädle damit füllen, in eine Auflaufform geben, mit den 2 Eßlöffeln Sahne begießen und mit Käse bestreuen. In 30 Minuten bei 170 °C überbacken.

Spinatpudding

1 kg Spinat
2 Brötchen
1 Zwiebel
Petersilie
100 g Butter
4 Eier
Salz, Muskat
wenig Backpulver

Die Brötchen einweichen, den Spinat kurz abwellen, gut ausdrücken und hacken, Zwiebel und Petersilie ebenfalls hacken und Zwiebel, Petersilie und Spinat in der Butter andämpfen. Die eingeweichten Brötchen gut ausdrücken, zerkleinern und dazugeben, dann Eigelb und Gewürze unterziehen, zuletzt das Backpulver und den steifgeschlagenen Eischnee. Die Masse in eine ausgebutterte, mit Mehl ausgestreute Wasserbadform füllen und 60 Minuten im Wasserbad kochen, etwas abkühlen lassen und stürzen. Dazu paßt eine helle Buttersauce.

Graupengemüsehackbraten

500 g Gemüse wie Gelbe Rüben, Sellerie, Lauch, Wirsing
250 g Gerstengraupen
1–2 Eier
20 g Butter
Salz, Pfeffer, Majoran
Zwiebel, Petersilie

Die Gemüse in Salzwasser weichkochen und durch den Fleischwolf drehen. Die Gerstengraupen in dem Gemüsewasser etwa 30 Minuten kochen (die Körner dürfen nicht zerfallen), gut abtropfen lassen. Die Butter im Topf erhitzen, gehackte Zwiebel und feingewiegte Petersilie darin andünsten, Gemüse und Graupen hinzufügen und gut mit den Gewürzen abschmecken, die Masse durcharbeiten, einen Hackbraten formen und in eine gefettete Kastenform geben. Unter öfterem Begießen vorsichtig im Backofen garen. Dazu paßt Tomatensauce.

Tomatensauce

250 g gehäutete, reife Tomaten
1 Zwiebel
20 g Butter
4 Eßlöffel Mehl
0,5 l Fleischbrühe
evtl. etwas Milch
Salz, Pfeffer
Thymian, Majoran

Die angedämpften Tomaten durchpassieren und einkochen lassen. Die Zwiebel kleinschneiden und in der Butter dünsten, das Mehl hinzugeben, mit Fleischbrühe und Milch ablöschen. Die passierten Tomaten beifügen, mit den Gewürzen abschmecken.

Hackfleisch-Brotauflauf

8 Weißbrotscheiben
1 große Zwiebel
3–5 gelbe Rüben
1 kleine Stange Lauch
200 g Hackfleisch
100 g geriebener Käse
30 g Butter
Salz, Pfeffer

zum Guß:
125 ml Sahne
250 ml Milch
3 Eier

Das Hackfleisch würzen und kurz in der Butter mit der gehackten Zwiebel anbraten, Karotten und Lauch kleingeschnitten kurz mitdünsten, erkalten lassen. Auflaufform mit Butter ausstreichen und mit den diagonal durchgeschnittenen Brotscheiben auslegen. Die Fleisch-Gemüse-Mischung abwechslungsweise mit dem Brot in die Auflaufform schichten, dazwischen etwas Käse streuen, mit dem Brot abschließen. Für den Guß die Eier verquirlen, Sahne und Milch hinzufügen, über den Auflauf gießen und mit dem restlichen Käse bestreuen. Backzeit 35–40 Minuten bei 180 °C.

Weißkraut-Auflauf, Krautbraten

1 mittlerer Weißkrautkopf
500 g Hackfleisch
etwas Schmalz
2 große Zwiebeln
2 Eßlöffel Kümmel
Salz, Pfeffer
1 große Tasse Weißwein
150 g gerauchter, magerer Bauchspeck

Weißkraut putzen, vom Strunk befreien und in Streifen schneiden oder hobeln. Hackfleisch in Schmalz anbraten, Zwiebeln hacken und etwas mitbraten lassen, Kraut, Kümmel, Salz, Pfeffer und Wein dazugeben. Alles unter öfterem Umrühren etwa 10 Minuten andünsten. Eine Auflaufform fetten, die Krautmischung einfüllen und den gewürfelten Bauchspeck darüberstreuen. Bei 200 °C etwa 45 Minuten garen. Dazu schmeckt ein Kartoffelbrei sehr gut.

Krautbraten, davor Grießklößchensuppe.

Mehl-Pfeudele

1 l Milch
250 g Mehl
1–2 Eier
40 g Fett
1 Prise Salz
Butter zum Braten

Die Milch zum Kochen kommen lassen und unter Rühren das Mehl einstreuen, mit dem Schneebesen schlagen, die verquirlten Eier in der vom Herd genommenen Masse unterziehen. Die Masse erkalten lassen. Mit einem nassen Eßlöffel Klöße abstechen und in einer Pfanne goldbraun braten. Mit Zukker und Zimt bestreuen und Dörrobst oder beliebiges Kompott dazu reichen.
Variante: Das Zuckern unterlassen und mit grünem Salat zu Tisch bringen.

Grünkernküchle

0,5 l Fleischbrühe
125 g Grünkerngrütze
2 altbackene Doppelwecken
2 Eier
50 g geräucherter Speck
Zwiebel, Petersilie
Salz, Pfeffer, Muskat
Fett zum Braten

Die Grünkerngrütze in die kochende Fleischbrühe einstreuen, unter Umrühren so lange kochen, bis sich der Brei vom Topf löst, abkühlen lassen. Die zerschnittenen Wecken in etwas Fleischbrühe oder Wasser einweichen und zerzupfen. Den Speck in Würfel schneiden, Zwiebel und Petersilie fein wiegen. Den Speck etwas auslassen, Zwiebel und Petersilie darin andämpfen, Grünkerngrützebrei, Eier und Wekken dazugeben und alles zusammen gut mischen. Küchle aus der Masse formen und in rauchheißem Fett von beiden Seiten hellbraun ausbacken.

Dazu paßt frischer Kartoffelsalat und grüner Salat.

Ofenschlupfer oder Scheiterhaufen

8 altbackene Brötchen
0,25 l Milch
3 Eier
80 g Zucker
400 g Äpfel
60 g Rosinen
100 g zerlassene Butter
3 Eiweiß
120 g Zucker

Die Brötchen fein schneiden, Milch, Eier, Zucker verquirlen und über die Brötchen gießen, beiseite stellen und ziehen lassen.

Eine feuerfeste Form ausbuttern, abwechselnd eine Lage Brötchen und eine Lage kleingeschnittene oder grob geraspelte Äpfel mit Rosinen vermengt einlegen, die letzte Lage sollen Brötchen sein. Die zerlassene Butter über die Masse verteilen, mit Pergamentpapier abdecken und etwa 30 Minuten im Ofen backen. Die Eiweiß zu steifem Schnee schlagen, Zucker einrühren und nach Entfernen des Pergamentpapiers den Schnee gleichmäßig darauf verteilen. Bei Mittelhitze weitere 10–15 Minuten goldgelb backen. Der Schnee bekommt rasch Farbe, wenn man ihn vorher etwas überzuckert. Dazu eine Vanillesauce servieren.

Großmutters Auflauf Scherben

6 Eier
150 g Zucker
2 Päckchen Vanillezucker
Saft und Abgeriebenes 1 Zitrone
3 Eßlöffel Speisestärke
1 l Milch
0,25 l Sauerrahm oder Joghurt
2 Äpfel
Weißbrotscheiben
Butterflöckchen

Die Äpfel schälen und in feine Scheiben schneiden, beiseite stellen. Die anderen Zutaten miteinander verrühren, die Äpfel und einen Teil der Weißbrotscheiben unterheben und in eine gebutterte Auflaufform füllen. Schuppenförmig mit Weißbrotscheiben abdecken und mit Butterflöckchen belegen. Bei starker Hitze eine gute Stunde backen.

Apfel-Quark-Auflauf

50 g Butter
150 g Zucker
2 Eßlöffel Rum
4 Eier
1 Prise Salz
abgeriebene Schale einer Zitrone
500 g Quark
100 g Haferflocken
750 g säuerliche Äpfel

50 g Rosinen
50 g Mandelblättchen
Butter für die Form
und zum Bestreuen

Butter, Zucker, Eier, Rum, Salz und Zitronenschale schaumig schlagen. Quark und Haferflocken gut verrühren und unter die Butter-Ei-Masse mischen. Die Äpfel schälen, entkernen und in dünne Scheiben schneiden, mit Rosinen und Mandelblättchen vermengen. Eine feuerfeste Form mit Butter ausstreichen, lagenweise die Quarkmasse und die Apfelmischung einschichten, als letzte Lage Quark. 2 Eßlöffel Butter in Flöckchen daraufsetzen. Bei 200 °C etwa 1 Stunde goldgelb backen.

Schnitzknopf

Zutaten zum Hefeteig:
500 g Mehl
30 g Hefe
2 Eßlöffel Zucker
2 Eier
knapp 0,25 l Milch
abgeriebene Zitronenschale
Übrige Zutaten:
50 g Butterschmalz
100 g Zucker
50 g Mehl
400 g gemischtes Dörrobst
1 l Wasser
0,5 l Wein
Zitronensaft
Zwetschgenwasser
etwas Zimt und Zucker

Den Hefeteig zubereiten, das Dörrobst im Wasser garkochen, Zimt hinzufügen. Zucker und Butterschmalz karamelisieren, das Mehl zugeben und bräunen, mit Dörrobstsud ablöschen. Den Hefeteig gut gehen lassen, in die Sauce setzen und 30 Minuten bei geschlossenem Topf köcheln lassen. Schnitzknopf herausnehmen und aufschneiden. Sauce mit Wein, Zucker, Zitronensaft und Zwetschgenwasser abschmecken und mit dem Dörrobst servieren.

Feiner Reisauflauf

1,25 l Milch
250 g Milchreis
250 g Quark
4 Eier
4 Eßlöffel Zucker
abgeriebene Zitronenschale
Zimt
Butterflöckchen

Milchreis in der Milch fast garkochen, zugedeckt fertig quellen lassen, mit den übrigen Zutaten verrühren, in eine große Auflaufform füllen und mit Zimt und Butterflöckchen bestreuen. 40 Minuten bei 180 °C backen. Dazu paßt eingemachtes Birnenkompott.

Weinschaumsauce, Chaudeausauce

250 ml Weißwein oder Most
3 Eier
150 g Zucker
abgeriebene Zitronenschale
2 Eßlöffel Zitronensaft

Alle Zutaten in einem Topf kalt verrühren, mit dem Schneebesen auf dem Herd aufschlagen bis kurz vor dem Kochen und sofort servieren. Die Sauce darf keinesfalls kochen. Ein Ei kann man auch durch einen gestrichenen Teelöffel Mondamin ersetzen. Paßt zu allen süßen Aufläufen.

Apfelmusauflauf

2 kg Apfelmus
200 g Mehl
1 Teelöffel Backpulver
200 g Zucker
50 g Butter
1 Prise Salz
wenig gemahlenes Nelkenpulver
1 Messerspitze Zimt
1 Prise Muskat
3 Eßlöffel warmes Wasser
1 Tasse Sultaninen

Butter und Zucker schaumig rühren, alle anderen Zutaten dazugeben, zuletzt das mit Backpulver gemischte und gesiebte Mehl. Die Masse in eine gebutterte Auflaufform geben. 45 Minuten bei Mittelhitze backen. Mit frischen Apfelscheiben garnieren. Eine Vanillesauce dazu reichen.

Quarkknödel

1 kg Magerquark
100 g Butter
5 Eier
1 Prise Salz
300 g Semmelbrösel
50 g braune Butter
Zimt und Zucker

Aus Quark, Butter, 2 Eiern, 3 Eigelb und der Prise Salz eine Schaummasse schlagen, die Semmelbrösel und zuletzt die 3 steifgeschlagenen Eischnee unterziehen. Mit zwei Eßlöffeln kleine Klöße formen, in reichlich Salzwasser etwa 10 Minuten garziehen lassen, auf einer angewärmten Platte anrichten, mit brauner Butter übergießen und mit Zimtzucker bestreuen.

Kirschenmichel

8 altbackene Brötle
0,25 l Milch
3–4 Eier
500–750 g Kirschen
Saft und Abgeriebenes 1 Zitrone
Zimt und Zucker
125 g Butter oder Margarine

Die Brötchen kleinschneiden und in der Milch einweichen, bis die Masse ganz durchgezogen ist, eventuell über Nacht. Die Butter, Zucker und Zimt, die Eigelb und die Zitronenschale schaumig rühren, zu der Brötchenmasse geben und gut vermischen. Die Kirschen und zuletzt den steifen Eischnee unterziehen. In eine gebutterte Auflaufform füllen und 45–60 Minuten bei guter Mittelhitze backen. Gut schmeckt dazu eine Vanillesauce.

Apfelreis

1,25 l Milch
250 g Milchreis
125 g Zucker
etwas Zimt
abgeriebene Zitronenschale
5 Äpfel

Den Reis in die kochende Milch geben und halb garkochen, die geschälten, kleingeschnittenen Äpfel, Zucker und

Für Apfelmus werden die gekochten Äpfel mit der Flotten Lotte püriert.

Zimt zugeben und langsam unter öfterem Umrühren fertig garen. Schmeckt kalt oder auch warm sehr gut. Dazu paßt eine Weinschaumsauce (Seite 63) oder eine Vanillesauce.

Haferflocken-Obstauflauf

150 g Haferflocken
0,5 l Milch
3 Eigelb
1 Prise Salz
abgeriebene Schale von 1 halben Zitrone
30 g Zucker
Für den Guß:
3 Eiweiß
150 Zucker
375 g rote Johannisbeeren oder andere Früchte

Die Haferflocken mit der heißen Milch übergießen und 1 Stunde zugedeckt stehen lassen. Salz, Zucker, Zitronenschale und die Eigelb untermischen, in eine gebutterte Auflaufform füllen. Die Eiweiß sehr steif schlagen, den Zucker zugeben und weiterschlagen, die Johannisbeeren vorsichtig unterheben und auf die Masse geben. Bei mäßiger Hitze etwa 45–60 Minuten backen.
Variante: Statt Haferflocken Semmelbrösel verwenden.

Grießklöße

1 l Milch
200 g Grieß
4 alte Brötle
1 Eßlöffel Butter
1 Prise Salz
Butter zum Schmelzen

Die alten Brötle in Scheiben schneiden, in die kochende Milch geben, ebenso die Butter und das Salz, zuletzt den Grieß. Daraus unter ständigem Rühren einen dicken Brei kochen, vom Herd nehmen und zugedeckt noch 20 Minuten nachquellen lassen. Mit einem in heißes Wasser oder Fett getauchten Eßlöffel sticht man Klöße ab und legt sie auf eine warme Platte. Mit brauner Butter überschmelzen. Dazu paßt gekochtes Dörrobst.

Apfelgeschmorkel

500 g Mehl
4 Eier
0,5 l Milch
Salz, Zucker
750–1000 g Äpfel
Fett für die Form

Aus Mehl, Eigelb, Milch und den Gewürzen einen dickflüssigen Teig herstellen, den Eischnee unterheben. Eine Kachel fetten, den Teig hinein geben und ziemlich fertig backen. Dann die geschälten und zerkleinerten Äpfel dazugeben, einen Deckel auflegen und fertigdünsten, bis die Äpfel weich sind. Eine Vanillecreme oder eine Mostschaumsauce paßt gut dazu.

Schwarzbrotpudding

190 g Butter
12 Eier
125 g Zucker
1 Päckchen Vanillezucker
90 g geriebene Schokolade
160 g geriebener Pumpernickel
1 halber Teelöffel Zimt

1 Messerspitze Nelken
Fett und Brösel für die Form

Butter schaumig rühren, Zucker, Vanillezucker und die Eigelb zugeben, weiterrühren bis eine Schaummasse entsteht. Schokolade, Pumpernickel, Gewürze und zuletzt den steifen Eischnee vorsichtig unterheben. In eine gut gefettete und mit Bröseln ausgestreute Wasserbadpuddingform füllen und 90 Minuten im Wasserbad kochen. Auf einen Gebäckteller stürzen und mit Weinschaumsauce (Seite 63) servieren.

Altheimer Kartoffelwürstle

750 g Mehl
100 g Zucker
4 mittelgroße Kartoffeln
50 g Schweineschmalz
50 g Butter oder Margarine
1 Würfel Hefe
300 ml Milch
1 Eigelb
1 Prise Salz
Zucker und Zimt

Die Kartoffeln am Vortag kochen und durchdrücken. Aus den übrigen Zutaten einen Hefeteig zubereiten, unter den man die zerdrückten Kartoffeln mengt. 1 Stunde gehen lassen. Würstle abstechen, nochmals 20 Minuten gehen lassen. In sehr heißem Schweineschmalz goldbraun ausbacken, in Zimt und Zucker wenden und mit frischem Apfelmus zu Tisch bringen.

Dampfnudle

500 g Mehl
1 Würfel Hefe
250 ml Milch
80 g Butter
2 Eier
80 g Zucker
1 Prise Salz
Zum Aufziehen
250 ml Milch
50 g Butter
50 g Zucker

Aus den Zutaten einen Hefeteig bereiten und gehen lassen. Dann Kugeln von etwa 5 cm Durchmesser formen oder aus dem etwas flach gedrückten Teigstück mit einem Glas ausstechen, mit einem Tuch bedecken und in der Wärme nochmals gehen lassen. In einer Pfanne mit gut schließendem Deckel Milch, Butter und Zucker zum Kochen bringen. Die Nudeln hineinsetzen, den Deckel schließen und bei mäßiger Wärme etwa 20 Minuten kochen. Den Deckel dabei nicht öffnen. Die Nudeln sind fertig, wenn es in der Pfanne knistert und brutzelt. Sie müssen unten eine karamelisierte Kruste haben und oben weiß und feucht glänzend sein. Man löst sie aus der Pfanne und serviert sie mit Vanillesauce.

Fleischgerichte

Siedfleisch

750 g Rinderhüfte oder Mittelblatt
einige Suppenknochen
2 l Wasser
1 Teelöffel Salz
2 Gelbe Rüben
1 Stück Sellerie
1 kleine Stange Lauch
1 Zwiebel
1 Tomate
Petersilie

Das Wasser zum Kochen bringen, das Fleisch, die gewaschenen und klein geschnittenen Gemüse und die Knochen dazugeben und 2 Stunden langsam sieden lassen, bis das Fleisch gar ist. Fleisch in schöne Scheiben schneiden, mit dem Gemüse auf einer Platte ausrichten und mit Bouillon- oder Bratkartoffeln und einer Meerrettich- oder einer Senfsauce servieren.

Meerrettichsauce

2 Eßlöffel frisch geriebenen Meerrettich
40 g Butter
50 g Mehl
3 Eßlöffel Weckmehl
2 Eigelb
0,5 l Fleischbrühe

Butter schmelzen lassen, das Mehl zu einer hellen Mehlschwitze einrühren, den Meerrettich zugeben und mit Fleischbrühe ablöschen. Langsam das Weckmehl unterrühren, wenn nötig noch etwas Fleischbrühe zugeben und vor dem Anrichten mit den zwei mit etwas Fleischbrühe versetzten Eigelb abziehen.

Rinderrouladen

4 Rinderrouladenstücke
4 Scheiben geräucherter Bauchspeck
3 Zwiebeln
1 Bund Petersilie
1 Ei
0,25 l süße Sahne
Salz, Pfeffer, Lorbeerblatt
Fett zum Anbraten

Die Rouladen flach klopfen und mit Salz und Pfeffer würzen. 2 Zwiebeln, Petersilie und den Bauchspeck klein schneiden und andämpfen, das verquirlte Ei dazugeben und alles gut vermischen. Die Masse auf die Rouladenscheiben geben, zusammenrollen und mit Faden binden oder mit Rouladenklammern zusammenhalten, in Mehl wenden und im heißen Fett anbraten, kleingeschnittene Zwiebel dazugeben und mitbraten, bis sie braun ist, mit süßer Sahne ablöschen. Falls notwendig, noch etwas Wasser nachgeben, schmoren, bis die Rouladen gar sind und notfalls noch etwas nachwürzen. Dazu passen Rotkraut und Spätzle oder Nudeln und Salat.

Siedfleisch mit Bouillonkartoffeln und Meerrettichsauce.

Sauerbraten

750 g Fleisch (Schweinefleisch aus der Keule, mageres Rindfleisch, mürber Schoß oder Bratenstück)
2 Tassen Essig
1 Tasse Wasser
1 Zwiebel
1 Gelbe Rübe
1 kleines Lorbeerblatt
2–3 Nelken
Pfefferkörner, Salz, Zucker
1 Tasse Sauerrahm
einige gedörrte Zwetschgen
250–400 g Schwarzbrot (auch Rand- oder Krustenstücke)
ein Schuß Rotwein

Aus Essig, Wasser und Gewürzen einen Sud kochen und abgekühlt über das Fleisch geben. Das Fleisch soll mindestens 2 bis 3 Tage in der Essigbeize liegen.

Vor dem Braten das Fleisch aus der Beize nehmen, abtrocknen und in heißem Fett anbraten. Kleingeschnittene Zwiebel und Gelbe Rübe dazugeben und mit Essigbeize ablöschen. Das Fleisch etwa 2 Stunden schmoren lassen. Nach Geschmack die vorher eingeweichten Zwetschgen mitkochen lassen. Das gegarte Fleisch aus der Sauce nehmen und warmstellen, die zuvor schon in der restlichen Essigbeize eingeweichten Schwarzbrotstücke mitsamt der Beize zur Sauce geben und kurz durchkochen. Die Sauce passieren und wieder erhitzen. Die aufgeschnittenen Bratenscheiben auf einer Platte anrichten. Die Sauce abschmecken, eventuell noch einen Schuß Essig zugeben sowie den Rotwein. Mit der Tasse Sauerrahm abziehen und über das Fleisch geben. Dazu passen Kartoffelklöße, Schupfnudeln oder Spätzle und Salate.

Gefüllte Kalbsbrust

1 kg Kalbsbrust
Salz, Pfeffer
Zur Füllung:
3 altbackene Brötchen
0,25 l Milch
1 kleine Zwiebel
1 Teelöffel gewiegte Petersilie
1 Eßlöffel Butter
125 g Bratwurstbrät
2 Eier
Salz, Pfeffer, Muskat
Zum Braten:
50 g Butter
1 Zwiebel
1 Gelbe Rübe
1 Tomate
1 kleine Scheibe Sellerie
Fleischbrühe
125 ml Sauerrahm

In die Kalbsbrust eine große Tasche schneiden, Fleisch klopfen und würzen. Die Brötchen in Würfel schneiden, in Milch legen und durchweichen lassen. Die Zwiebel fein schneiden und in Butter dämpfen. Das Brät mit den Brötchen, Zwiebel, Petersilie, Eigelb und den Gewürzen gut durcharbeiten, den steifen Eischnee unterziehen, die Kalbsbrust damit füllen und gut mit starkem Zwirn zunähen. In einer Kasserolle mit der Butter und den geputzten, klein geschnittenen Gemüsen anbraten, würzen und in den vorgewärmten, auf 200 °C eingestellten Backofen stellen, häufig begießen. Wenn die Kalbsbrust gar ist, herausnehmen und warmstellen. Die Sauce mit wenig Fleischbrühe ablöschen, durchsieben und mit dem Rahm binden. Mit der Schere die obere Kruste durchschneiden, dann gelingt es besser, gleichmäßige Scheiben abzuschneiden.

Wengerter Roulade

250 g Blätterteig
250 g gekochter Schinken
100 g Walnußkerne
1 Eßlöffel Sahne
2 Zwiebeln
100 g Speck
2 Äpfel
etwas Schmalz
250 g Sauerkraut
0,25 l Weißwein, trocken
Salz, Pfeffer
6 Wacholderbeeren
1 Nelke
2 Lorbeerblätter
150 g geriebener Emmentaler Käse

Die Zwiebeln, den Speck und die geschälten Äpfel würfeln, mit Schmalz kurz andämpfen, das Kraut und die Gewürze dazugeben und in 20 Minuten fertig kochen. Abkühlen lassen. Den Blätterteig dünn ausrollen, mit kleingeschnittenem Schinken belegen, das Kraut darauf verteilen, gehackte Walnüsse und den Käse darüberstreuen, den Blätterteig zusammenrollen und mit Sahne bestreichen, im 200 °C vorgeheizten Backofen ca. 40 Minuten backen.

Matrosenfleisch

600 g Rinderlende
50 g fetter Speck
40 g Butter oder Öl
Salz, Pfeffer
Schale einer Zitrone
1 halber Teelöffel zerriebener Kerbel
4 Teelöffel Kapern
0,5 l heiße Fleischbrühe
1 Eßlöffel Mehl
1 halber Becher Sauerrahm

Die Rinderlende mit Speckstreifen in Faserrichtung spicken, in 3 cm dicke Scheiben schneiden und etwas breit drücken. Fett in der Pfanne erhitzen und die Fleischstücke von jeder Seite 2 Minuten braten, mit Salz und Pfeffer würzen und auf eine vorgewärmte Platte geben und warm stellen. Kerbel und Kapern in den Fond geben, die etwas zerschnittene Zitronenschale dazu, mit heißer Fleischbrühe aufgießen, das Mehl mit Wasser verquirlen, die Sauce damit binden, durchkochen lassen, Zitronenschale herausnehmen und mit dem Sauerrahm abschmecken. Beim Anrichten auf jede Fleischscheibe einen Eßlöffel Sauce geben.

Beilagen: Reis, Nudeln oder Spätzle, Salate.

Eingemachtes Kalbfleisch

1000 g Kalbfleisch
60 g Butter
40 g Mehl
1 Zwiebel
750 ml Wasser
1 Petersilienwurzel
Salz
1 kleines Glas Weißwein
abgeriebene Schale einer halben Zitrone
1 Eßlöffel Zitronensaft
4 Eßlöffel Sauerrahm

Das in Würfel geschnittene, leicht gesalzene Fleisch in der Butter goldgelb anbraten. Das Mehl, die feingeschnittene Zwiebel und die Petersilienwurzel dazugeben, kurz anbraten, mit Wasser und Wein ablöschen und garziehen lassen. Mit Salz, Zitronensaft und -schale abschmecken und mit dem verrührten Sauerrahm binden.

Kuttelfleck oder Saure Kutteln

500 g gekochte, fein streifig geschnittene Kutteln
40 g Butter
40 g Mehl
2 Zwiebeln
0,5 l Fleischbrühe
etwas Essig
50 Weinbeeren
Salz, Pfeffer
2 Lorbeerblätter
3 Eßlöffel Rotwein

Die Butter im Topf erhitzen. Die kleingeschnittenen Zwiebeln darin anbraten, das Mehl einrühren und mit Fleischbrühe ablöschen und würzen. Alle anderen Zutaten dazugeben und die Kutteln etwa 10 Minuten darin köcheln, mit Rotwein abschmecken und die Lorbeerblätter entfernen. Dazu passen Bratkartoffeln und Salat.

Spanferkelbraten aus der Backröhre

1000 g Spanferkelfleisch vom Schwäbisch-Hällischen Schwein, als Rollbraten hergerichtet und leicht gepökelt
500 g Knochen, die beim Ausbeinen anfallen für die Sauce
2 Zwiebeln
2 Knoblauchzehen, zerdrückt
Wurzelgemüse
0,5 l Wasser
0,25 l Bier
1 Eßlöffel Öl
1 Teelöffel Senf

Saure Kutteln.

Salz, Pfeffer, Majoran
3–4 zerdrückte Wacholderbeeren

Aus Öl, Knoblauch, Senf, Pfeffer, wenig Salz und den Kräutern eine Paste herstellen und den Braten damit einstreichen, in einen großen Bräter legen, die Knochen, die kleingeschnittenen Zwiebeln und das Wurzelgemüse dazugeben und etwa 1 cm hoch mit Wasser aufgießen. Bei 200 °C etwa 2 Stunden garen. Nach 1 Stunde die Hitze auf 180 °C reduzieren. Wenn das Wasser zu stark verdampft, immer wieder etwas nachgießen und auch den Braten öfter mit dem Bratensaft begießen. Zum Schluß, um eine schöne Kruste zu bekommen, etwas Bier über den Braten schütten (nicht zuviel, sonst wird die Sauce bitter). Es gibt ihr eine pikante Note. Für die Zubereitung der Sauce das Fleisch herausnehmen und warmstellen. Die Knochen entfernen. Die verbleibende Flüssigkeit mit den Gemüsen pürieren und durch ein Sieb passieren, mit heißer Fleischbrühe aufgießen, nochmals aufkochen und abschmecken.

Versteckte Schweinelende

600 g Blätterteig
600 g Schweinelende
600 g feines Bratwurstbrät
Salz, Pfeffer

Lende anbraten, etwa 10 Minuten dünsten, Blätterteig auswellen, etwas Bratwurstbrät darauf verteilen, Lende darauflegen, restliches Brät aufstreichen. Den Blätterteig darüberlegen und gut schließen, mehrmals mit der Gabel einstechen, im vorgeheizten Backofen bei 200 °C 30 Minuten backen.

Gänsebraten mit Kartoffelfüllung

1 vorbereitete Gans
Füllung je nach Größe der Gans:
500 g kleingewürfelte, rohe Kartoffeln
20 g Butter
1 kleine Zwiebel
gehackte Petersilie
Salz, Pfeffer
1 Teelöffel Majoran

Die Kartoffeln in Salzwasser 10 Minuten kochen und abgießen. Die in Würfel geschnittene Zwiebel mit der gehackten Petersilie in der Butter andünsten, mit Kartoffeln, Majoran und Gewürzen mischen. Die Füllung in die außen und innen mit Pfeffer und Salz eingeriebene Gans stopfen. Die Gans zunähen und wie gewohnt braten.

Krautwickel

1 mittelgroßer Krautkopf
250 g Hackfleisch
1 Ei
2 Eßlöffel Semmelbrösel
1 Zwiebel
Salz, Pfeffer
100 g Griebenschmalz
250 ml Wasser
2 Eßlöffel Tomatenmark
125 ml Sauerrahm

Krautkopf im kochenden Wasser blanchieren. Dabei nach und nach die Blätter lösen. Von den 8 größten den Strunk flach schneiden, kleinere Blätter doppelt nehmen. Aus Fleisch, Ei, Semmelbröseln, der fein geschnittenen Zwiebel und Gewürzen die Füllung mischen. Klein gehackte Krautblätter aus dem Innern des Kopfes darunter mischen. Die Füllung auf die Blätter verteilen, Blätter seitlich einschlagen, dann zusammenrollen und mit Faden umwickeln. Die Wickel im Griebenschmalz scharf anbraten, mit Wasser ablöschen und 60 Minuten schmoren. Zuletzt die Krautwickel auf einer Platte anrichten, die Sauce mit Tomatenmark und Sauerrahm verrühren, gut abschmecken, eventuell etwas binden. Dazu paßt Kartoffelpüree.

Schwäbischer Rostbraten

750–1000 g Rindfleisch (Zwischenrippenstück, Entrecote oder Roastbeefstück)
Butter zum Braten
Salz, Pfeffer
Zwiebeln
Gekochtes Sauerkraut

Aus dem Fleisch nicht zu dünne Scheiben schneiden, die Haut mehrmals einschneiden, in heißer Butter oder auf dem Grill von beiden Seiten schön braun braten, jetzt erst würzen. Je nach Geschmack brät man die Rostbraten englisch, rosa oder ganz durch. Wenn man mit der Gabel darauf drückt und das Fleisch fühlt sich weich an, ist es noch blutig, je mehr es gebraten wird, um so fester fühlt es sich an. Am zartesten ist es, wenn es innen noch rosa ist. Fleisch warm stellen, Sauerkraut erhitzen. Zwiebeln halbieren, in Scheiben schneiden und mit Butter in der Pfanne rösten. Den Rostbraten auf dem Sauerkraut anrichten, mit den Zwiebeln bestreuen. Aus dem Bratfond eine Sauce machen, etwas über den Rostbraten geben, den Rest getrennt dazu reichen. Dazu gehören Spätzle.

Schäufele im Brotteig

1500 g Schäufele
1 kleine Zwiebel
1 Knoblauchzehe
2 Lorbeerblätter
1 Teelöffel Pfefferkörner
1 Eßlöffel Salz
2 Eßlöffel Senf
frische Kräuter wie:
Petersilie, Thymian, Majoran, Schnittlauch
2 l Wasser
1 Schweinenetz
500 g Roggenbrotteig vom Bäcker
etwas Mehl

Das Wasser mit der Zwiebel, der Knoblauchzehe, den Lorbeerblättern, den Pfefferkörnern und dem Salz zum Kochen bringen und das Schäufele hineingeben. Es soll gerade von der Flüssigkeit bedeckt sein. 15 Minuten kochen lassen, herausnehmen und erkalten lassen. Kräuter fein hacken, mit dem Senf mischen und das Fleisch damit einreiben, in das Schweinenetz einschlagen und in den ausgewellten Brotteig wikkeln. Mit der Naht nach unten auf ein bemehltes Backblech legen, ins Ofenrohr schieben und bei 200–220 °C 45 Minuten backen. Aufgeschnitten mit frischem Meerrettich und Kartoffelsalat warm oder kalt servieren.

Gefüllte Täubchen

4 vorbereitete Täubchen
2 Wecken
2 Eier
30 g Butter
1 kleine Zwiebel
Petersilie
Salz
125 g Butter zum Braten

Die Wecken in kleine Würfel schneiden, die verquirlten Eier daruntermischen. Die Butter in einer Pfanne schmelzen, gewiegte Petersilie, feingeschnittene Zwiebel darin andünsten, etwas abkühlen lassen, Salz und die eingeweichten Weckwürfel hineingeben und alles gut durchmischen. Die Täubchen vom Hals und vom Bauch her füllen, mit Faden zunähen und in 125 g Butter schön goldgelb braten.

Laubfrösche

20 große Spinatblätter
250 g gegartes Fleisch
1 Semmel
2 Eier
1 kleine Zwiebel
Pfeffer, Salz
Petersilie
Bratfett
etwas Fleischbrühe
2 Eßlöffel Sauerrahm

Die Spinatblätter kurz heiß überbrühen, abkühlen lassen und ausbreiten. Das Fleisch, die eingeweichte, ausgedrückte Semmel und die Zwiebel durch den Fleischwolf drehen, mit den Eiern, den Gewürzen und der Petersilie vermengen. Jeweils zwei Spinatblätter zu einem Viertel übereinanderlegen, Füllung daraufgeben, zusammenrollen und mit Garn zusammenbinden. Fett erhitzen, die Wickel anbraten und mit etwas Fleischbrühe aufgießen. Die Laubfrösche darin gar ziehen lassen. Die Brühe abschmecken, die Laubfrösche herausnehmen. Den Rahm mit der Brühe verquirlen. Kartoffelbrei dazu reichen.

Saure Nierle

500 g Rinds-, Kalbs- oder Schweinenieren
60 g Butter
1–2 Eßlöffel Mehl
1 kleine Zwiebel
1 Eßlöffel Essig
5–6 Eßlöffel Rotwein
Zitronensaft
Salz, Pfeffer
etwas Fleischbrühe

Die Nieren von Fett und Häuten befreien und in feine Scheiben schneiden. In der heißen Butter die Nieren andämpfen, bis sie nicht mehr rot aussehen, aber nicht durchgebraten sind. Die Nieren herausnehmen und warmstellen. Die Zwiebeln in der Pfanne hellgelb anbraten, das Mehl dazurühren und mit Fleischbrühe, Wein, Essig und Zitronensaft ablöschen. Die Sauce durchkochen, die Nieren noch ganz kurz darin heiß werden lassen und die Gewürze zugeben. Dazu passen Bratkartoffeln.

Brieschen in Buttersauce

1 Kalbsbries
40 g Butter
40 g Mehl
Fleischbrühe
1 Lorbeerblatt
1 Zitronenscheibe
1 kleines Glas Weißwein
1 Eßlöffel Sauerrahm

Das Bries wird sauber gewaschen, gargekocht, gehäutet und in Scheiben geschnitten. Aus den übrigen Zutaten bereitet man eine helle Sauce wie bei eingemachtem Kalbfleisch. Man läßt das Brieschen kurz darin aufkochen. Dazu gibt man grünen Salat, geschabte Spätzle oder Serviettenkloß.

Beilagen zum Fleisch

Serviettenkloß

8 Wecken
0,5 l kochende Milch
80 g Butter
6 Eier
Zwiebeln, Petersilie
Salz, Muskat

Die kleingeschnittenen Wecken werden in kochender Milch eingeweicht. Die Butter schaumig rühren, nach und nach die verklopften Eier, gewürfelte Zwiebel, Petersilie und die Gewürze dazugeben, die zerpflückten Wecken darunterheben eventuell etwas Mehl oder Weckmehl untermischen, eine Serviette mit Butter bestreichen, die Masse daraufgeben, mit Bindfaden zubinden und an einem Kochlöffel hängend 50 Minuten im kochenden Salzwasser gar ziehen lassen. Nach dem Stürzen mit geschmolzener Butter und Weckmehl übergießen und in Scheiben schneiden.

Fränkische Mehlknödel

500 g Mehl
Salz
2–4 Eier
etwa 0,5 l Wasser
4 alte Semmeln
40 g Fett
Salzwasser

Die alten Semmeln in Würfel schneiden, im Fett anrösten und beiseite stellen. Aus Mehl, Eiern, Salz und Flüssigkeit einen glatten Teig herstellen von der Beschaffenheit eines Spätzleteigs und die gerösteten Semmelwürfel untermischen, 30 Minuten ziehen lassen. Mit einem Schöpflöffel Knödel in kochendes Salzwasser einlegen, zum Kochen kommen lassen und je nach Größe etwa 20 Minuten leise köcheln lassen, sofort anrichten.

Knöpfle

350 g Mehl
1 Ei
1 Drittel eines Hefewürfels
1 halber Teelöffel Salz
Wasser nach Bedarf

Mehl in eine Schüssel geben, in einer Vertiefung Hefe mit etwas lauwarmem Wasser auflösen, Ei und Salz zugeben. Von der Hefe aus alles zu einem geschmeidigen Teig kneten, bis sich Hand und Schüssel putzen. Aus dem Teig eine Kugel formen, rundherum bemehlen und auf ein bemehltes Backbrett legen. Mit einem Tuch abdecken und an einem warmen Ort etwa 45 Minuten gehen lassen. In einem großen Topf (etwa 26 cm Durchmesser) Salzwasser zum Kochen bringen, das Knöpfle hineingeben und 30 Minuten ganz sanft köcheln lassen. Während des Kochvorgangs den Topf nicht öffnen. Nach dem Garen das Knöpfle herausnehmen und mit einem Faden sofort in Scheiben schneiden.

Spätzlebrett und Spätzleschaber, darüber eine Spätzlepresse.

Schwäbische Spätzle

3–4 Eier
150–200 g Mehl
1 Prise Salz
Butter zum Schwenken

Aus den Zutaten einen geschmeidigen Teig zubereiten. Ist er zu fest, etwas Wasser hinzugeben. Kleine Teigmengen auf ein befeuchtetes Spatzenbrett geben, mit dem Spätzleschaber dünne Spätzle in kochendes Wasser schaben, aufkochen lassen und mit dem Schaumlöffel herausnehmen, in kaltem Wasser abspülen und in heißer Butter schwenken.
Variante: Weckmehl zur Butter geben und die Spätzle darin schwenken. Achtung: Wenn die Spätzle zu lange kochen, werden sie kleistrig, liegen sie zu lange im Schwenkwasser, werden sie blaß.

Schupfnudeln

500 g Kartoffeln
500 g Mehl
1 Ei
Salz, Muskat
1 Zwiebel
120 g Fett

Gekochte Kartoffeln vom Vortag schälen und durch die Presse drücken, mit Mehl, Ei und Gewürzen mischen und zu einem Teig kneten. Zwischen den Handflächen kleine bauchige, nach außen dünner werdende, etwa 8 cm lange Würstchen formen und in kochendes Salzwasser geben. Wenn sie oben schwimmen, herausnehmen und auf einem Sieb abtrocknen lassen. Warm stellen und zu Fleisch und Sauce reichen oder vorher mit Semmelbröseln oder Zwiebeln abschmelzen oder in der Pfanne anrösten.

Weckknödel

6–8 altbackene Wecken
heiße Milch
etwas Fett
100 g Rauchfleisch
Salz, Muskat
1 Zwiebel
Petersilie
Mutschel- oder Weckmehl bei Bedarf
geröstete Semmelbrösel
6 Eier

Die altbackenen Wecken kleinschneiden und mit heißer Milch übergießen. Die Zwiebel hacken und in etwas Fett glasig dünsten. Eingeweichte Wecken, verquirlte Eier, Gewürze, Zwiebel, kleingeschnittenes Rauchfleisch und gewiegte Petersilie vermengen. Ist die Masse zu feucht, noch etwas Mutschelmehl zugeben. Den Teig noch einige Zeit ruhen lassen, damit er fester wird. Von der Masse runde Knödel von etwa 6 cm Durchmesser formen und in kochendes Salzwasser geben. Sollte ein Probekloß zerfallen, noch etwas Mutschelmehl unter den Teig mengen. Die Knödel etwa 15 Minuten leicht kochen lassen. Auf einer Platte anrichten und mit gerösteten Semmelbröseln bestreuen.

Bautzen

1 kg Kartoffeln
1 Ei
Salz, Muskat
150 g Mehl
Zum Aufziehen:
1 Tasse Milch
Salz, Muskat
oder
1 Ei
6 Eßlöffel süße Sahne
Salz, Muskat

Die gekochten Kartoffeln schälen, fein reiben und auskühlen lassen. Ei, Gewürze und Mehl hinzufügen. Je nach Beschaffenheit der Kartoffeln noch etwas Mehl zusätzlich einstreuen. Den Teig durchkneten. Fingerdicke Nudeln formen und in eine Auflaufform legen. Milch, Salz und Muskat oder Ei, Rahm, Salz und Muskat verquirlen und über die Bautzen gießen. Im vorgeheizten Backofen bei 250 °C überbacken. Die Bautzen sind fertig, wenn sie eine schöne braune Kruste haben. Dazu schmeckt Sauerkraut und Braten.

Hefekartoffeln

750 g festkochende Kartoffeln
6 Zwiebeln
100 g Butter
1 Würfel Hefe
40 g Mehl
0,5 l Fleischbrühe
Salz

Kartoffeln mit der Schale in Salzwasser garen, abschrecken, schälen und in Scheiben schneiden. Die Zwiebeln in Ringe schneiden und in 50 g Butter glasig dünsten. Die Hefe zerbröseln, zur Zwiebelmasse geben und darin unter Rühren flüssig werden lassen. Das Mehl darüberstäuben und anschwitzen lassen. Die Brühe hinzufügen und alles ca. 10 Minuten köcheln lassen, mit Salz abschmecken. Die Kartoffelscheiben mit der Zwiebelhefesauce abwechselnd in eine Auflaufform schichten. Die Butter in Flöckchen daraufsetzen und im vorgeheizten Backofen bei 200 °C etwa 45 Minuten backen.

Hohenloher Bounzelich, Gänsgwergelich

600 g Kartoffeln
2 Eier
4 Eßlöffel Mehl
Salz, Pfeffer, Muskat
4 Eßlöffel Milch
Schmalz zum Backen

In eine Schüssel die gekochten, geschälten, geriebenen und erkalteten Kartoffeln geben, mit Gewürzen, Eiern, Mehl und Milch zu einem festen Teig kneten und mit bemehlten Händen kleine Kugeln oder fingerdicke Würstchen daraus formen. In einer Pfanne von allen Seiten in heißem Schmalz goldgelb backen oder in eine flache Auflaufform geben und im Ofen überbacken. Als Beilage zu Braten, Gemüse- oder Salatplatte.

Kartoffelgemüse

1000 g Kartoffeln
1 l gute Fleischbrühe
je 1 Eßlöffel feingewiegte Zwiebeln, Gelbe Rüben, Petersilie, Sellerie, Lauch, Tomaten
30 g Butter

Die geschälten Kartoffeln in messerrükkendicke Scheiben schneiden und 10 Minuten in Salzwasser blanchieren, die Gemüse würfeln, in Butter andämpfen, zu den Kartoffeln geben, mit Fleischbrühe auffüllen, im offenen Topf köcheln lassen, bis die Brühe verschwunden ist. Zu gekochtem Ochsenfleisch oder zu Fleischküchle servieren.

Rieslingsauerkraut

750 g frisches Sauerkraut
0,5 l Rieslingwein
2 Äpfel
2 Zwiebeln
1 Teelöffel Kümmel
1 Teelöffel Wacholderbeeren
Salz, Zucker, Pfeffer
60 g Butterschmalz

Äpfel schälen und würfeln, Zwiebeln kleinschneiden, im Fett glasig werden lassen, das Sauerkraut dazugeben und mitdünsten lassen. Wacholderbeeren und Kümmel hinzufügen, mit Wein aufgießen, bei Bedarf noch etwas Wasser angießen und zugedeckt weichkochen, mit Salz, Zucker und Pfeffer abschmecken.

Kartoffelfächer

2,5 kg Kartoffeln
3 Eßlöffel flüssige Butter
100 g geriebener Käse
Salz, Pfeffer

Kartoffeln schälen und so in Scheiben schneiden, daß sie an einer Seite noch zusammenhalten, zu Fächern ausbreiten und in eine flache, gebutterte, feuerfeste Form geben, dicht nebeneinander setzen, Salz und Pfeffer darübergeben, mit der Butter beträufeln, im vorgeheizten Backofen bei 200 °C garen, dann mit Käse überstreuen und überbacken.

Sauerkraut und Spätzle passen zu vielen Fleischgerichten. Hier sind es Leberknödel.

Grombiera-Würstla, Kartoffelwürstchen

1 kg Kartoffeln
75 g Grieß
75 g Mehl
3–4 Eier
Salz, Muskat
Petersilie
Weckmehl zum Formen
Fett zum Ausbacken

Die gekochten, geriebenen Kartoffeln vom Vortag mit allen Zutaten mischen. Aus dem Teig 15 cm lange, daumendicke Würstchen rollen und in Brösel wälzen, diese in halb Pflanzenfett, halb Schweineschmalz in der Pfanne von allen Seiten goldgelb backen. Mit gemischtem oder grünem Salat zum Braten servieren.

Abgeschmälzte Kartoffelrädle

750 g Kartoffeln
1 Zwiebel
250 g Speck

Kartoffeln kochen, schälen, in Scheiben schneiden und in einer Schüssel warmstellen. Zwiebel und Speck würfeln, Speck in der Pfanne auslassen, Zwiebel darin anbraten und über die warmgestellten Kartoffelrädle geben.

Grüner Erbsenbrei mit Milch

1 kg ausgehülste Erbsen
70 g Fett
1 Prise Salz
0,25 l Wasser
125 ml Milch
nach Belieben 1 Eigelb

Zu diesem Gericht eignen sich größere Erbsen, die in Wasser und Fett weichgekocht werden. Durch ein feines Sieb passieren, Salz hinzufügen, nochmals aufkochen lassen und das mit Milch verquirlte Eigelb unterziehen. Gut dazu schmecken heiße Bockwürste.

Gurken in Milch

2 kg Gemüsegurken
1 kleine Zwiebel
50 g Fett
30 g Mehl
0,5 l Milch

Die Gurken schälen, durchschneiden und die Kerne mit einem Löffel entfernen, in kleine Stücke schneiden. Fett zergehen lassen, die feingeschnittene Zwiebel darin dünsten, die Gurkenstücke hinzufügen und weichdünsten lassen. Die Milch dazugießen und mit dem angerührten Mehl binden, noch etwa 30 Minuten köcheln lassen und mit Salz abschmecken.

Hopfengemüse

500 junge Hopfenkeimlinge
40 g Butter
20 g Mehl
375 ml Fleischbrühe
1 Eigelb
etwas süße Sahne
Salz, Muskat
Petersilie

Die jungen Hopfenkeime unten abschneiden, waschen und in Salzwasser weichkochen. Die Butter zerlassen, das Mehl darin anschwitzen, mit Fleischbrühe ablöschen, mit Eigelb und Sahne abziehen, würzen. Die Hopfenkeime einlegen und mit Petersilie bestreut zu Tisch bringen. Dazu passen verlorene Eier.

Sahnesauce zu verschiedenen Gemüsen

30 g Butter
30 g Mehl
0,25 l Gemüsewasser
0,25 l Sahne
1 Prise Salz
geriebene Muskatnuß

Aus Butter, Mehl und Flüssigkeit bereitet man eine helle Mehlschwitze, läßt gut durchkochen und schmeckt mit den Gewürzen ab. Durch Abziehen mit Eigelb kann man die Sauce noch verfeinern und gibt sie über fertig gekochtes Gemüse.

Brechbohnen mit Milch

1 kg grüne Bohnen
1 Stengel Bohnenkraut
375 ml Wasser
20 g Fett
250 ml Milch
20 g Mehl
1 Teelöffel gehackter Dill
Salz

Die vorbereiteten Bohnen in Stücke brechen, mit Wasser und Fett zum Kochen bringen. Wenn sie gar sind, die Milch hinzufügen und gut durchkochen lassen. Die Gemüsebrühe mit dem angerührten Mehl binden, mit Dill und Salz abschmecken.

Topinambur

1000 g Topinambur
40 g Fett
20 g Mehl
375 ml Milch
Salz, Pfeffer
Zitronensaft
Petersilie

Die gewaschenen Topinambur werden gekocht, geschält und feinblättrig geschnitten. Aus Butter, Mehl und Milch eine helle Sauce zubereiten, würzen und die Topinambur darunterziehen, zuletzt mit gehackter Petersilie bestreuen.

Salatplatte

2 kleine Gurken
2 Salatköpfe
2 Tomaten
2 weiße Rettiche
2 Gelbe Rüben
Für die Marinade:
4–6 Eßlöffel Essig
6–8 Eßlöffel Öl
Salz, Pfeffer, Zucker
Salatkräuter nach Geschmack

Alle Gemüse putzen, Gurken, Tomaten, Rettiche und gekochte Gelbe Rüben in Scheiben schneiden, die Salatköpfe verlesen. Alles auf einer Salatplatte anrichten und die Marinade mit den Kräutern darübergießen.

Geriebener Kartoffelsalat

1000 g mehlige Kartoffeln
Salz, Pfeffer
1 Prise Zucker
1 kleine Zwiebel
5 Eßlöffel Apfelessig
5 Eßlöffel Öl
125 ml Fleischbrühe

Kartoffeln mit der Schale kochen, abgießen und schälen, die noch warmen Kartoffeln auf einer Raffel reiben, die Zwiebel in kleine Würfelchen schneiden, mit Salz, Pfeffer, Zucker, Essig und der kochenden Fleischbrühe würzen und durchmischen. Zugedeckt etwa 20 Minuten ziehen lassen, jetzt das Öl zugeben und nochmals gut mischen.

Als Beilage zum Schweinebraten, aber auch zu weichen Eiern mit Tomaten- und Wurstscheiben gut geeignet.

Spitzwegerichsalat

4 Handvoll Spitzwegerichblätter
1 Apfel
20 g Hasel- oder Walnüsse
Marinade:
1 Eßlöffel Mostessig
3 Eßlöffel Sonnenblumenöl
Salz, Pfeffer

Die Spitzwegerichblätter waschen und in feine Streifen schneiden, den Apfel schälen, entkernen und in kleine Würfel schneiden, die Nüsse grob hacken. Alle Zutaten mit der Marinade gut mischen.

Kartoffelsalat

1000 g festkochende Kartoffeln (Salatkartoffeln)
4 Eßlöffel Öl
3 Eßlöffel Essig
Salz, Pfeffer
1 Prise Zucker
0,25 l Fleischbrühe
1 Teelöffel geriebene Zwiebel
Schnittlauch zum Bestreuen

Salatkartoffeln mit der Schale kochen, schälen und in Scheiben schneiden. Aus den übrigen Zutaten und der heißen Fleischbrühe mischt man eine Salatsauce und gibt die noch warmen Kartoffeln hinein, durch Aufschütteln gut vermengen und mit Schnittlauch bestreuen oder ausgebratene Speckwürfel untermischen.

Krautsalat

1 kleiner Kopf Weißkraut
60 g Speck
125 ml Essig
Salz, Pfeffer, Kümmel
1 Prise Zucker

Das Weißkraut in feine Streifen hobeln, den in kleine Würfel geschnittenen Speck in einem Topf gelb ausbraten, den Essig und die Gewürze zugeben, das feingeschnittene, gesalzene Weißkraut hinzufügen und aufkochen lassen. Will man den Salat weicher haben, so kann man das Kraut vorher etwas in Schweineschmalz andämpfen.

Kartoffelsalat wird im Schwäbischen fast zu jedem Fleischgericht gegessen.

Süße Nachspeisen

Bratäpfel

6 Äpfel
gehackte Nüsse oder Mandeln
etwas Butter und Zucker, Rosinen
Apfelgelee

Die ungeschälten Äpfel vom Kerngehäuse befreien und etwas aushöhlen. Butter, Zucker, Mandeln und Rosinen mischen und in die Äpfel füllen. Eine Auflaufform ausbuttern, die Äpfel hineinsetzen und in die heiße Backröhre stellen. Solange dämpfen, bis sie weich sind und eine schöne braune Farbe angenommen haben. Mit Apfelgelee überglänzen oder mit Zucker bestreuen.

Apfelküchle

4 Äpfel
2 Eßlöffel Zucker
1 Glas Kirschwasser
Ausbackfett
Zimt und Zucker
Ausbackteig
150 g Mehl
125 ml Bier oder Most
2 Eier
1 Teelöffel Öl
Salz

Die Äpfel schälen, das Kernhaus ausstechen und die Äpfel in dicke Scheiben schneiden. Mit Zucker bestreuen und mit dem Kirschwasser übergießen. Dann die Eier trennen, Eiweiß zu steifem Schnee schlagen. Alle Zutaten für den Ausbackteig verrühren, zuletzt den Eischnee unterziehen. Der Teig soll nicht zu dünn sein. Apfelrädchen in den Teig tauchen und im heißen Fett goldbraun backen. Mit Zimt und Zukker bestreuen und eine Vanillesauce oder eine Chaudeausauce (Seite 63) dazu reichen.

Verschleierte Äpfel

8 Äpfel
etwas Marmelade
etwas Butter
30 g feingehackte Nüsse
0,5 l Milch
40 g Zucker
30 g Speisestärke
abgeriebene Zitronenschale

Die geschälten und halbierten und vom Kerngehäuse befreiten Äpfel mit der Innenseite nach oben in eine feuerfeste Form legen, die Öffnungen mit Marmelade füllen, etwas Wasser in die Form geben und die Äpfel im Backrohr gar werden lassen. Die Speisestärke mit etwas kalter Milch glattrühren, die übrige Milch mit Zucker und Zitronenschale aufkochen, die angerührte Speisestärke hineingießen und unter ständigem Rühren aufkochen, über die fertigen Äpfel geben und mit gehackten Nüssen bestreuen, erkalten lassen.

Warme Apfelküchle mit Vanillesauce.

Erdbeersahne

0,5 l süße Sahne
200 g Erdbeeren
1 Päckchen Vanillezucker
etwas Honig
1–2 gehackte Salbeiblätter

Die Sahne steif schlagen, die Erdbeeren vierteln, mit der Sahne, dem Zucker und dem Honig vermengen, die gehackten Salbeiblätter darüberstreuen und mit gut abgetropften Hollerküchle (Seite 91) zu Tisch bringen.

Rumschaum

2–3 Eigelb
15 g Zucker
1 Eßlöffel Rum
0,5 l süße Sahne
1 Päckchen Vanillezucker

Die Eigelb mit dem Zucker sehr gut schaumig rühren, den Rum hinzufügen und den Vanillezucker. Die Sahne steif schlagen und mit dem Rumschaum vermischen. Die Masse sehr kalt stellen und in Cocktailgläsern servieren.

Überbackene Weincreme

0,5 l Weißwein
2–3 Eier
125 g Zucker
abgeriebene Schale einer halben Zitrone
2 Eßlöffel Speisestärke
2 Eßlöffel geschälte, gestiftelte Mandeln
1 Handvoll Zucker zum Bestreuen

Aus Wein, Eigelb, Zucker, Zitronenschale und Speisestärke eine Creme kochen und erkalten lassen. Den Eischnee sehr steif schlagen und etwas Zucker hinzugeben, bergig über die in eine feuerfeste Form gefüllte Weincreme streichen oder mit dem Spritzbeutel verzieren, die Mandelstifte und den Zucker darüberstreuen und die Creme im heißen Backofen zu hellgelber Farbe überbacken.

Joghurtspeise Apfeltraum

150 g Löffelbisquits
500–700 g Apfelmus
500 g frische Beeren der Saison oder tiefgefrorene Beeren
500 g Naturjoghurt
1–2 Päckchen Vanillezucker
1 Eßlöffel Zucker
250 g süße Sahne
etwas Rum
Zimt und Zucker

Den Boden einer großen Glasschüssel mit den zerbröselten Bisquits auslegen, mit Rum beträufeln, das Apfelmus gleichmäßig darauf verteilen und die Beeren daraufgeben. Joghurt mit Zukker und Vanillezucker verrühren, die steifgeschlagene Sahne unterheben und den Sahnejoghurt auf den Beeren verteilen, mit Zimt und Zucker bestreuen.

Rhabarbercreme

4 Eigelb
0,25 l Milch
100 g Zucker
1 Päckchen Vanillezucker
3 Blatt Gelatine
1 Becher süße Sahne
500 g frischen Rhabarber

Saft einer Zitrone
etwas Wasser
4 Eßlöffel Zucker

Das Eigelb mit etwas Milch verrühren, im Wasserbad zu einer schaumigen Creme schlagen. Die restliche Milch mit Zucker und Vanillezucker aufkochen, den Eigelbschaum unter ständigem Schlagen unterziehen. Von der Kochstelle nehmen, die eingeweichte, gut ausgedrückte Gelatine darin auflösen. Die Sahne steifschlagen. Vorsichtig unter die inzwischen erkaltete Eigelbmasse ziehen. In kalt ausgespülte große Gläser füllen und im Kühlschrank fest werden lassen. In der Zwischenzeit den Rhabarber putzen, waschen und in zentimetergroße Stücke schneiden, mit Zitronensaft, Wasser und Zucker gardünsten, den erkalteten Rhabarber auf der Creme verteilen und servieren.

Flammeri von geronnener Milch

0,5 l geronnene Milch
50 g Grieß
2 Teelöffel Speisestärke
2 Eßlöffel Milch
1 Prise Salz
Abgeriebenes einer Zitrone
Zucker nach Geschmack

Die kalte, geronnene Milch vermischt man mit dem in Milch angerührten Stärkemehl, dem Salz, Zucker und der Zitronenschale und bringt sie unter Rühren zum Kochen, streut den Grieß hinein und läßt den Flammeri unter ständigem Schlagen gar werden. In eine mit kaltem Wasser ausgespülte Form füllen und erkalten lassen.

Flammeri von übriggebliebenem Eiweiß

1 l Milch
50 g süße, geriebene Mandeln
80 g Zucker
1 Päckchen Vanillezucker
100 g Speisestärke
4–6 Eiweiß

Die Speisestärke mit der Hälfte der Milch anrühren, die andere Hälfte bringt man mit den Mandeln und dem Vanillezucker zum Kochen und rührt die angerührte Milch dazu; aufkochen lassen und mit Zucker abschmecken. Die Eiweiß zu steifem Schnee schlagen und vorsichtig unterziehen, in eine kalt ausgespülte Form füllen und über einige Stunden erkalten lassen. Dann den Flammeri auf eine Platte stürzen. Mit Kompott oder einer Fruchtsauce servieren.

Buttermilchpudding

1 l frische Buttermilch
75 g Zucker
1 Päckchen Vanillezucker
8 Blatt weiße Gelatine
4 Blatt rote Gelatine
3 Eßlöffel heißes Wasser
1 Teelöffel Zitronensaft
gezuckerte Beeren oder Vanillesauce

Die Gelatine einweichen und dann in Zitronensaft und Wasser auflösen. Die Buttermilch so lange mit Zucker und Vanillezucker rühren, bis dieser sich aufgelöst hat, die Gelatine dazugeben, in eine ausgespülte Glasschüssel schütten und erstarren lassen. Eingezuckerte Beeren oder Vanillesauce dazu reichen.

Holunderblütenküchle, Hollerküchle

10 Holunderblütendolden
2 Eier
125 ml Most
150 g Mehl
1–2 Eßlöffel Öl
1 Prise Salz
Ausbackfett

Die Dolden vorsichtig waschen und auf einem Küchentuch abtropfen lassen. Aus Eigelb, Öl, Mehl, Salz und Most einen glatten, dickflüssigen Teig rühren, die steifgeschlagenen Eiweiß unterheben. Die Blütendolden in den Teig tauchen und in der Friteuse goldgelb ausbacken. Man kann sie mit Zucker und Zimt bestreuen oder Erdbeersahne dazu reichen.

Vanillecreme

0,5 l süße Sahne
Zucker nach Geschmack
4 Eigelb
1 halbe Stange Vanille

Die Sahne mit Zucker und Vanillestange bis kurz vor dem Kochen bringen, nach und nach die verrührten Eigelb hinzufügen und kräftig durchschlagen, bis die Masse dick wird. Nicht kochen lassen. Es ist eine sehr schnell zuzubereitende Nachspeise, die sich gut zu Eis, eingemachten Früchten oder Tuttifrutti servieren läßt.

Hollerküchle schmecken noch warm, ganz frisch ausgebacken, am besten.

Pflaumencreme

1400 g Pflaumen
0,5 l Rotwein
400 g Zucker
1 Zimtstange
2 Päckchen Vanillepuddingpulver
10 Blatt Gelatine
0,5 l Sahne

Kleingeschnittene Pflaumen mit dem Rotwein, der Zimtstange und dem Zukker ca. 10 Minuten kochen, das angerührte Puddingpulver hinzugeben, aufkochen, die eingeweichte Gelatine in der Masse auflösen, die Zimtstange entfernen. Wenn die Creme zu stocken beginnt, die steifgeschlagene Sahne unterheben. Auf Portionsgläser verteilt servieren.

Pfitzauf

250 g Mehl
0,5 l Milch
4 Eier
50 g Zucker
1 Prise Salz
2 Eßlöffel zerlassene Butter

Aus Eiern, Zucker, Mehl, Milch und Salz einen glatten, dünnen Teig anrühren, zuletzt die zerlassene Butter dazugeben. Die ausgebutterten Pfitzaufförmchen nur zur Hälfte mit Teig füllen und in starker Hitze in 30–40 Minuten hellbraun backen. Den Backofen nicht öffnen, damit der Pfitzauf nicht zusammenfällt. Nach dem Backen mit Puderzucker bestreuen und sofort servieren, da der Pfitzauf schnell zusammenfällt. Kompott oder Rumfrüchte schmecken gut dazu.

Tuttifrutti

0,5 l fertige Vanillesauce
125 g Bisquits oder Zwieback
375–500 g rohe, eingezuckerte oder eingedünstete Früchte
ein Schuß Arrak oder Rum

In eine Glasschale schichtet man abwechselnd Bisquits oder Zwieback, die man mit dem Obstsaft und dem Alkohol anfeuchtet und die Früchte und gießt zuletzt die Vanillesauce darüber und garniert mit einigen schönen Früchten.

Kaiserküchle

6 Doppelwecken
6 Eier
100 g Butter
125 g Zucker
125 g geriebene Mandeln
125 g Rosinen
1 halber Teelöffel Zimt
1 halber Teelöffel abgeriebene Zitronenschale
0,25 l Milch
100 g geschälte, ganze Mandeln
Glühwein

Die Wecken in Scheiben schneiden, in Milch einweichen, gut ausdrücken. Die Butter schaumig rühren, die Eigelb, den Zucker, die eingeweichten Brötchen zufügen, zuletzt den steifen Eischnee unterziehen. Die Masse in eine gefettete Gugelhopf-Form füllen und bei Mittelhitze etwa 45 Minuten backen. Nach dem Erkalten mit Mandeln spicken und mit Glühwein servieren, dazu den Gugelhopf in Stücke schneiden und mit dem Glühwein tränken.

Quarknudeln

500 g Mehl
500 g Quark
30 g Hefe
30 g Fett
1 Prise Salz
etwa 0,25 l Milch, erwärmt

Aus allen Zutaten einen Hefeteig herstellen und gehen lassen. Fingerdicke Stränge davon ausrollen und fingerlange Stücke abschneiden, nochmals gehen lassen und in schwimmendem Fett ausbacken. Man kann sie mit Zimt und Zucker bestreuen oder eine Chaudeausauce dazu reichen.

Chaudeausauce Weinschaumsauce

375 ml Weißwein
2 gestrichene Teelöffel Speisestärke
125 g Zucker
Abgeriebene Schale einer Zitrone
3 Eier

Alle Zutaten mit dem Schneebesen gut verklopfen, auf dem Feuer unter ständigem schnellem Schlagen bis ans Kochen kommen lassen und sofort servieren.

Natronringle

70 g Butter
80 g Zucker
2 Eier
125 ml Sauerrahm oder Milch
1 Prise Salz
1 Messerspitze Natron
375 g Mehl

Fett zum Ausbacken
Zucker zum Bestreuen

Butter und Zucker schaumig rühren, die Eier nacheinander dazugeben, dann den Rahm unterrühren und das mit dem Natron gemischte Mehl hinzufügen. Der Teig sollte nicht zu fest sein. Diesen 5 mm dick auswellen, Ringle ausstechen und in heißem Fett goldbraun ausbacken, abtropfen lassen und mit Zucker bestreuen. Dazu paßt eingemachtes Obst, eine Chaudeausauce oder nur eine Tasse Kaffee.

Nonnenfürzle

0,25 l Wasser
1 Prise Salz
50 g Butter oder Margarine
abgeriebene Zitronenschale
125 g Mehl
4 Eier
25 g Puderzucker
25 g Speisestärke
Ausbackfett

Wasser und Butter mit den Gewürzen zum Kochen bringen, das Mehl auf einmal hineinrühren, bis sich der Teig vom Topf ablöst. Den Topf vom Herd nehmen, die verquirlten Eier, Zucker und Speisestärke zugeben und gut verrühren. Mit dem Teelöffel Teigstücke abstechen und in heißem Fett goldbraun ausbacken, abtropfen lassen und mit Puderzucker bestäuben. Dazu paßt Weinschaumsauce.

Maldakartoffeln

250 g Butter
6 Eier
250 g Zucker
500 g Mehl
1 Päckchen Backpulver
1 Prise Salz
1 Päckchen Vanillezucker
Ausbackfett

Eine Schaummasse rühren aus Butter, Zucker, Vanillezucker und den Eiern. Die Prise Salz zugeben und das mit dem Backpulver gemischte Mehl. Von der fertigen Masse mit einem kleinen Löffel Klößchen abstechen und im heißen Fett ausbacken. Dazu paßt eine Weinschaumsauce.

Karthäuser Klöße

4 Wecken
0,25 l Milch
2 Eier
1 Eßlöffel Zucker
etwas Zimt
Butter zum Braten

Die Wecken werden mit einer Reibe rundum abgerieben, halbiert und in Eiermilch eingeweicht, der Zucker und Zimt beigefügt werden. Die Wecken in den abgeriebenen Bröseln wenden und in heißer Butter in der Pfanne knusprig braun backen. Schmecken gut mit Kompott, Vanille- oder Weinschaumsauce.

Backwerk, süß und salzig

Süßer Hefeteig (Grundrezept)

500 g Mehl
40 g Hefe (1 Würfel)
200 ml Milch
80 g Butter
2 Eßlöffel Öl
50 g Zucker
1 Prise Salz
abgeriebene Zitronenschale

Die Hälfte des Mehls in eine Schüssel sieben, in die Mitte eine Vertiefung drücken und darin die Hefe mit der leicht erwärmten Milch und etwas Zukker zu einem glatten Vorteig anrühren. Die Schüssel mit einem Tuch abdecken und an einem warmen Ort gehen lassen. Die restlichen Zutaten dazugeben und das Mehl nach und nach unter den Teig kneten, bis er sich von der Schüssel löst. Den fertigen Teig nochmals gehen lassen und dann weiterverarbeiten.

Dieser Teig ist Grundlage für Plootz und kann beliebig belegt werden.

Grundrezept für salzigen Hefeteig und Plootzrezepte Seite 114–117.

Doppelplatz oder Kirchweihkuchen

Hefeteig, 1,5fache Menge
2 kg Äpfel
2 Teelöffel Zimt
100 g Butter
100 g Zucker
100 g gehackte Nüsse
100 g Sultaninen
Fett für das Backblech
etwas Eigelb, 2 Eßlöffel Sahne zum Bestreichen

Äpfel schälen, das Kernhaus entfernen und kleingeschnitten in einen Topf mit etwas Wasser geben. Die Butter zufügen und bei mäßiger Hitze einen Apfelbrei kochen. Zimt und Zucker dazugeben und glattrühren, Nüsse und Sultaninen zum Apfelbrei geben und alles zusammen abkühlen lassen. Ein Blech mit hohem Rand vorbereiten, den Backofen auf 200 °C vorheizen, den gut gegangenen Hefeteig dritteln und die größere Menge auf dem Backblech verteilen und einen Rand hochziehen. Die Füllung auf den Teig geben und verteilen, den restlichen Teig dünn auswellen und auf die Füllung legen, die Teigränder zusammendrücken. Den Deckel mit Eigelb und Sahne bestreichen und mit der Gabel mehrmals einstechen, nochmals gehen lassen und 50 Minuten bei 200 °C backen.

Streuselkuchen

Hefeteig, halbe Menge
Streusel
180 g Butter
200 g Zucker
200 g Mehl
150 g gemahlene Nüsse oder Mandeln
1 Teelöffel Zimt, 1 Prise Salz
Fett für das Backblech
etwas Milch zum Bestreichen

Ein Backblech einfetten. Den gut gegangenen Hefeteig in der Größe des Bleches auswellen. Das geht am besten auf dem Blech. Den Backofen auf 200 °C vorheizen. Alle Zutaten für die Streusel in eine Schüssel geben und mit den Händen oder dem Knethaken der Küchenmaschine gut miteinander vermischen, durcharbeiten, bis sich alles zu dicken Krümeln (Streuseln) zusammenballt. Den Hefeteig mit Milch bestreichen, die Streusel gleichmäßig auf dem Teig verteilen. Den Kuchen 30–45 Minuten backen.

Die meisten Streuselkuchen bestehen aus zu viel Hefeteig und zu wenig Streuseln. Hier ist ein Rezept, das die ganze Familie glücklich macht.
Variante: Fruchtiger Streuselkuchen: Den ausgewellten Teig in der Form ca. 10 Minuten gehen lassen. Dann mit entsteinten und halbierten Aprikosen, Zwetschgen oder Kirschen belegen, die Streusel auf das Obst geben und bei 200 °C etwa 40 Minuten backen.

Hefekranz

1 kg Mehl
180 g Zucker
180 g Butter
3 Eier
2 Würfel Hefe
0,5 l Milch
1 Prise Salz
Sultaninen
1 Eigelb
Hagelzucker

Einen Hefeteig aus den genannten Zutaten herstellen und gehen lassen. In drei Teile teilen und lange Stränge daraus formen. Die Stränge zu einem Zopf flechten und in eine Kranzform legen, die Enden gut verbinden. Nochmals aufgehen lassen, mit Eigelb bestreichen, mit Hagelzucker bestreuen und im vorgeheizten Backofen bei 200 °C 40–50 Minuten backen.

Apfelplootz mit Rahmguß

Hefeteig, halbe Menge Grundrezept
Belag
1,5 kg säuerliche Äpfel
Guß
3 Becher Sauerrahm
3 Eier
1 Päckchen Vanillezucker
3 Eßlöffel Zucker
3 Eßlöffel Mehl

Hefeteig zubereiten und dünn auswellen, auf ein vorbereitetes Backblech legen, die geschälten und in Scheiben geschnittenen Äpfel darauf verteilen. Aus Eigelb, Zucker, Vanillezucker, Sauerrahm eine glatte Masse rühren, das Mehl darüber sieben und unterziehen, zuletzt den steifen Eischnee unterheben und über den Belag geben. 40 Minuten bei 200 °C backen.

Hohenloher Grießplootz

Hefeteig nach dem Grundrezept, halbe Menge
Füllung
0,75 l Milch
90 g Grieß
40 g Zucker
2 Eier
abgeriebene Zitronenschale
50 g Rosinen oder Sauerkirschen
Zimt und Zucker

Hefeteig zugedeckt zur doppelten Größe aufgehen lassen und dünn auf dem Backblech auswellen. Grieß in die kochende Milch einstreuen, Zucker dazugeben und aufkochen lassen, bis der Brei dick geworden ist. Etwas abkühlen lassen und nacheinander die Eier, Zitronenschale und Rosinen oder Sauerkirschen dazugeben. Diese Füllung auf dem Teig verteilen und 35 Minuten bei 180 °C backen, mit Zimt und Zucker bestreuen und noch warm servieren.

Sauermilchplootz

Hefeteig, halbe Menge Grundrezept
Belag
5 Eier
2 Eßlöffel Mehl
375 ml Sauerrahm
1 Prise Salz
2 Eßlöffel Semmelbrösel
2 Eßlöffel Zucker
1 Teelöffel Zimt
Butterflöckchen

Hefeteig zubereiten und dünn auswellen, auf ein vorbereitetes Backblech legen und gehen lassen. Eigelb mit Mehl verrühren, Sauerrahm und Salz dazugeben, steifen Eischnee unterheben und die Masse auf den Teig streichen. Semmelbrösel mit Zucker und Zimt mischen und über die Masse streuen. Butterflöckchen aufsetzen und 20–30 Minuten bei 200 °C auf mittlerer Schiene backen.

Für diesen salzigen Plootz werden die mit dünn ausgewelltem Teig belegten Kuchenbleche mit einer Masse aus Sauerrahm, Eiern und Zwiebeln belegt. Rezepte ab Seite 115.

Omas Nußzopf

Hefeteig nach dem Grundrezept, doppelte Menge
Füllung
600 g gemahlene Haselnüsse
4 Eier
200 ml süße Sahne
200 ml Milch
200 g Zucker
1 Fläschchen Bittermandelöl
1 große Prise Salz

Den Hefeteig zubereiten und gehen lassen, den Teig in 6 Portionen aufteilen, jedes Teil auswellen und mit Nußmasse bestreichen und aufrollen. Aus je 3 Teilen einen Zopf flechten und auf ein Backblech legen (ergibt 2 Zöpfe) oder mit beiden Zöpfen eine Kranzform füllen. 25–30 Minuten bei 230 °C auf der mittleren Schiene schön braun backen, mit Zitronenglasur bestreichen.

Quarkkuchen nach Großmutters Art

375 g Mehl
100 g Butter
75 g Zucker
2 Eier
1 Päckchen Vanillezucker
abgeriebene Zitronenschale
20 g Hefe
1 Prise Salz
Milch nach Bedarf
Füllung
500 g Quark (20 %)
2 Eier
3–4 Eßlöffel Zucker
50 g Rosinen
abgeriebene Zitronenschale

1 Prise Salz
2 Eßlöffel Mehl
Streusel
125 g Zucker
125 g Butter
125 g Mehl
Zimt

Einen Hefeteig zubereiten und gehen lassen, zwei Teile daraus formen, einen größeren für Boden und Rand und einen kleineren für den Deckel. Den größeren für ein Backblech auswellen und auf das Blech geben, gehen lassen. Die Quarkfüllung zubereiten und auf den Teig geben, gleichmäßig verstreichen, den Deckel darauflegen, die Ränder gut andrücken, nochmals gehen lassen. Den Kuchen dann mit Milch bestreichen, mit den Streuseln belegen und bei guter Mittelhitze goldgelb backen.

Ulmer Brot

1500 g Mehl
60 g Hefe
0,5 l Milch
125 g Butter
250 g Zucker
30 g gewürfeltes Zitronat
1 Prise Anis
1 Prise Fenchel
3 Päckchen Vanillezucker
1 Ei zum Bestreichen

Aus den Zutaten einen Hefeteig zubereiten und 30 Minuten gehen lassen. in 4–5 gleichmäßige Stücke teilen, jedes zu einem länglichen Laib formen, der in der Mitte der Länge nach eingeschnitten wird. 20 Minuten auf gefettetem Blech gehen lassen und anschließend, außerhalb des Schnittes, mit Ei bestreichen, bei 200 °C goldbraun backen.

Schwäbischer Bund

150 g Butter
6 Eier
225 g Zucker
50 g geschälte Mandeln
Saft und abgeriebene Schale einer halben Zitrone
50 g Sultaninen
80 g Mehl
80 g Speisestärke
Zucker-Zitronenglasur
geröstete Mandeln

Butter schaumig rühren, Eigelb und Zucker zufügen und schlagen, die Mandeln, abgeriebene Zitrone, Sultaninen, Mehl und zuletzt den steifen Eischnee unterheben. In eine gefettete, bemehlte Ringform füllen und etwa 1 Stunde bei 180–200 °C backen, mit Zitronenglasur überziehen und mit gerösteten Mandeln bestreuen.

Anisbrot

250 g Mehl
250 g Zucker
6 Eier
1 Kaffeelöffel Anis
Saft einer Zitrone

5 Eigelb und ein ganzes Ei mit dem Zucker sehr schaumig rühren, bis sich der Zucker aufgelöst hat, den Zitronensaft zugeben und den Anis. Das gesiebte Mehl unterziehen und den steifen Eischnee unterheben. In eine vorbereitete Kastenform füllen und bei mittlerer Hitze goldbraun backen. Nach dem Erkalten das Brot in Scheiben schneiden und die Scheiben auf dem Backblech hellgelb werden lassen.

Kärwe-Gugelhupf

1 kg Mehl
200 g Zucker
200 g Butter oder Margarine
0,5 l Milch
4 Eier
1 Würfel Hefe
150 g Rosinen
abgeriebene Zitronenschale

Einen Hefeteig zubereiten und gehen lassen. Eine Gugelhupfform ausbuttern und mit Semmelbröseln ausstreuen. Den Teig in der Form nochmals gehen lassen und 45–50 Minuten bei 200 °C backen, mit Puderzucker bestreuen.

Mostkuchen

Mürbteig
180 g Mehl
80 g Zucker
1 Messerspitze Backpulver
80 g Butter
1 Ei
abgeriebene Zitronenschale
1 Prise Salz
Belag
2 Päckchen Vanillepuddingpulver
0,75 l Most oder Weißwein
250 g Zucker
1 kg Äpfel
1 Becher süße Sahne

Einen Mürbteig zubereiten und eine vorbereitete Springform mit hohem Rand damit auskleiden. Die Äpfel schälen, entkernen und würfeln. Most mit Zucker und Puddingpulver kochen. Einen Teil der Äpfel auf den Teig legen, den Rest unter den Pudding heben und ebenfalls auf den Teig geben. Auf der unteren Schiene bei 175°C etwa 60–90 Minuten backen, den Rand lösen und in der Form erkalten lassen. Die süße Sahne steif schlagen, auf den Kuchen streichen und Kakao darüber sieben.

Rotweinkuchen

200 g Butter
200 g Zucker
3 Eier
1 Teelöffel Zimt
1 Teelöffel Kakao
1 Päckchen Vanillezucker
125 ml guter Rotwein
250 g Mehl
1 Teelöffel Backpulver
1 Päckchen Schokoladenstreusel

Butter schaumig rühren, Zucker und Eigelb zugeben und schlagen, bis sich der Zucker gelöst hat, die Gewürze, den Rotwein, das mit Backpulver gemischte und gesiebte Mehl unterrühren, den steifen Eischnee zuletzt unterheben. Den Teig in eine vorbereitete Springform füllen, mit Schokoladenstreusel bestreuen und etwa 1 Stunde bei 200 °C backen. Hölzchenprobe machen.

Schnitzbrot

500 g Mehl
1 Würfel Hefe
1 Prise Salz
100 g Zucker
500 g gedörrte Birnen (Hutzeln)
500 g Dörrzwetschgen
500 g Rosinen
500 g Feigen
500 g gehackte Nüsse
je 50 g Zitronat und Orangeat

1 Gläschen Kirschwasser
Zimt, Anis, Fenchel
gemahlene Nelken

Die Hutzeln waschen, mit heißem Wasser übergießen, kurz aufkochen und eine Nacht darin einweichen. Am nächsten Tag sorgfältig abtropfen lassen, das Einweichwasser auffangen und die Hutzeln kleinschneiden. Die Zwetschgen ebenfalls am Vortag einweichen. Einweichwasser zum Hutzelwasser geben, Zwetschgen entsteinen, einmal durchschneiden, die Feigen durchschneiden. Den Hefeteig mit einem Teil der Schnitzbrühe zubereiten und gut gehen lassen. Dann sämtliche Zutaten darunterarbeiten, nochmals gehen lassen, etwa 700 g schwere Laibe aus dem Teig formen und wieder gehen lassen, 50 Minuten bei 200 °C backen, noch heiß mit Schnitzbrühe bestreichen.

Statt selbst gemachtem Hefeteig kann man auch Brotteig vom Bäcker verwenden.

Fätzelkuchen oder gekochter Käsekuchen

Grundrezept Hefekuchen, halbe Menge
2 l Vollmilch
1 l Dickmilch
4 Eier
2 Eßlöffel Mehl
125 g Zucker
125 g Butter
Zimt und Zucker

Nach dem Grundrezept einen Kuchenboden backen. Milch zum Kochen bringen, 2 Eier mit dem Mehl glattrühren und unter die Dickmilch ziehen. Das Ganze in die kochende Milch einschütten. Nicht mehr kochen lassen, sondern nur ganz langsam auf kleiner Flamme ziehen lassen, bis sich Flüssigkeit bildet. Dies dauert ungefähr 30 Minuten. Die Masse abkühlen und auf einem feinen Tuch am besten über Nacht abtropfen lassen. Die Butter schmelzen lassen, mit Zucker und den restlichen Eiern verquirlen und zur anderen Masse geben, auf dem Kuchenboden verteilen. Zimt und Zucker mischen und darüberstreuen.

Feiner Käskuchen

Mürbteig
250 g Mehl
1 Ei
100 g Butter oder Margarine
100 g Zucker
etwas Milch
Füllung
100 g Butter
4 Eier
200 g Zucker
500 g Quark oder Schichtkäse
1 Becher süße Sahne
0,25 l Milch
5 Eßlöffel Mehl
abgeriebene Zitronenschale

Einen Mürbteig zubereiten und in eine vorbereitete Springform geben, Rand hochziehen. Butter schaumig rühren, Zucker und Eigelb zugeben und schlagen, bis der Zucker aufgelöst ist. Zitronenschale, Sahne, Quark, Milch und Mehl dazugeben, zuletzt den steifen Eischnee unterheben. Backzeit: gut 1 Stunde bei 180 °C, Stäbchenprobe machen, ob der Kuchen gut durchgebacken ist, erkaltet aus der Form nehmen.

Ein frisch gebackener Träubleskuchen schmeckt zum Nachmittagskaffee.

Träubleskuchen

375 g Mehl
150 g Zucker
200 g Butter
1 Ei
1 Päckchen Backpulver
Belag
800 g Johannisbeeren
4–5 Eier
250 g Zucker
300 g gemahlene Haselnüsse

Einen Mürbteig herstellen und 30 Minuten kaltstellen. Backblech einfetten und mit dem Mürbteig auslegen. Johannisbeeren entstielen, waschen und gut abtropfen lassen. Die Eier schaumig rühren, den Zucker zugeben und weiterrühren. Die Haselnüsse und zuletzt die Johannisbeeren unterheben und auf dem Teig verteilen. Bei 175 °C etwa 45 Minuten backen.

Apfelkuchen

200 g Mehl
50 g Zucker
1 Prise Salz
1 Eigelb
2 Eßlöffel Wasser
100 g Butter oder Margarine
Belag
1 kg säuerliche Äpfel
100 g gemahlene Nüsse
Zitronensaft
50 g Butter
Guß
3 Eier
100 g Zucker
1 Päckchen Vanillezucker
250 g süße Sahne

Einen Mürbteig herstellen, auswellen und eine vorbereitete, runde Kuchenform mit hohem Rand damit auskleiden. Den Teigboden mit den gemahlenen Nüssen bestreuen, die Äpfel schälen, halbieren, das Kernhaus entfernen und den Teigboden doppelt mit Apfelschnitzen belegen, mit Zitronensaft beträufeln, die Apfelschnitze mit flüssiger Butter einpinseln. Den Backofen auf 175 °C vorheizen, den Kuchen 35 Minuten backen. Inzwischen Eier, Zucker und Vanillezucker schaumig schlagen und mit der steifgeschlagenen Sahne vermischen. Den vorgebackenen Kuchen damit übergießen und weitere 20–25 Minuten backen.

Rhabarberkuchen mit Guß

Mürbteig
220 g Mehl
150 g Butter
75 g Zucker
1 großes Ei
Belag
1 Eßlöffel Semmelbrösel
1 Eßlöffel gemahlene Haselnüsse
1 kg Rhabarber
etwas Zucker
Guß
3 Eier
150 g Zucker
1 Becher Sauerrahm
1 Becher süße Sahne
1 gehäufter Eßlöffel Speisestärke
1 Teelöffel Backpulver
1 Päckchen Vanillezucker

Den Mürbteig aus den Zutaten zusammenkneten und ruhen lassen. Ein Backblech vorbereiten, den Teig auswellen und einen Rand hochziehen. Rhabarber schneiden, etwas einzuckern und durchziehen lassen. Haselnüsse mit Semmelbröseln mischen und auf dem Teig verteilen. Den Rhabarber abtropfen lassen und auf den Teig geben. Für den Guß die Eiweiße zu steifem Schnee schlagen. Die Eigelb mit Zucker, Vanillezucker, süßer und saurer Sahne verrühren, das mit dem Backpulver gemischte Mehl darübersieben, unterheben und den Eischnee unterziehen. Den Guß gleichmäßig auf dem Rhabarber verteilen und 60 Minuten bei 175 °C backen. Schmeckt noch warm am besten.

Zwetschgenkuchen vom Blech

Mürbteig
375 g Mehl
etwas Backpulver
200 g Butter
100 g Zucker
1 Ei
1 Prise Salz
Belag
1 kg entsteinte Zwetschgen
250 g Zucker
2 Teelöffel Zimt
250 g Semmelbrösel
Butterflöckchen

Aus den Zutaten einen Mürbteig herstellen, 30 Minuten kaltstellen. Teig auswellen und auf ein vorbereitetes Backblech legen, ringsum einen Rand hochdrücken. Halbierte Zwetschgen dicht auf den Teig legen, Zucker mit Zimt mischen und auf die Zwetschgen geben, Semmelbrösel darüberstreuen, Butterflöckchen darauf verteilen und 40 Minuten bei 180 °C backen. Der Kuchen schmeckt noch warm besonders gut.

Statt mit Zwetschgen kann man den Kuchen auch mit Äpfeln oder Aprikosen belegen.

Geriebener Apfelkuchen

200 g Mehl
50 g Zucker
1 Prise Salz
1 Ei
100 g Butter oder Margarine
Belag
8 mittelgroße Äpfel
140 g Zucker
70 g geriebene Mandeln
6 Eier
abgeriebene Zitronenschale
Zimt

Aus den Zutaten einen Mürbteig herstellen und eine Kuchenform damit auskleiden, Rand hochziehen. Die geschälten und vom Kernhaus befreiten Äpfel reiben und mit 70 g Zucker vermischen, beiseite stellen. Die Eigelb mit 70 g Zucker und der Zitronenschale schaumig rühren, Mandeln und Zimt zugeben, die geriebenen Äpfel und den steifen Eischnee unterziehen, auf den Teig geben und etwa 30 Minuten bei 175 °C backen.

Schuhschnallen

2 Eier
120 g Zucker
60 g Mehl
Anis

Die Eier verquirlen, den Zucker zufügen und dann das Mehl, den Teig sehr lange rühren, auf ein vorbereitetes Backblech gießen und gleichmäßig verteilen, Anis darüber streuen und im Backofen goldgelb backen. Sofort Streifen schneiden und über einen Kochlöffelstiel biegen.

Zwetschgenkuchen. Er kann einen Mürbteigboden haben wie im Rezept auf Seite 102 oder als Plootz aus Hefeteig sein (Seite 94).

Schneller Zitronenkuchen vom Blech

350 g Mehl
1 Päckchen Backpulver
300 g Zucker
1 Päckchen Vanillezucker
300 g Butter
5 Eier
abgeriebene Zitronenschale
von 2 Zitronen
Guß
200 g Puderzucker
Saft von 1 Zitrone

Die angegebenen Zutaten zu einem Rührteig verarbeiten und auf ein vorbereitetes Backblech geben, gleichmäßig verstreichen und 20 Minuten bei 175 °C backen. Aus Puderzucker und Zitronensaft eine Glasur herstellen und über den noch warmen Kuchen streichen.

Flachszöpfe oder Flachswickel

500 g Mehl
250 g Butter
2 Eier
4 Eßlöffel Milch
30 g Hefe
1 Prise Salz
Hagelzucker zum Bestreuen

Butter schaumig rühren, die vorher in warmes Wasser gelegten Eier, Salz und Mehl zugeben, zuletzt die mit warmer Milch aufgelöste Hefe unterarbeiten und zu einem glatten Teig verkneten, fingerdicke Rollen auf Hagelzucker ausrollen und 30 cm lange Stücke abschneiden, zur Hälfte zusammenlegen und umeinanderschlingen zu Flachszöpfen. 30–45 Minuten gehen lassen und 15 Minuten bei 200 °C goldbraun backen.

Crailsheimer Horaffen

500 g Mehl
40 g Hefe
150 g Zucker
0,25 l Milch
150 g Butter
2 Eier
1 Teelöffel Salz
abgeriebene Zitronenschale
zum Bestreichen
1 Eigelb
Puderzuckerglasur
0,25 l Wasser
3 Eßlöffel Puderzucker
1–2 Eßlöffel Rum

Einen Hefeteig herstellen und 30 Minuten gehen lassen. Aus dem Teig daumendicke Rollen formen, davon 10 cm lange Stücke abschneiden und halbkreisförmig biegen. Jeweils 2 Halbkreise so verbinden, daß Gebäckstücke in Form einer 3 entstehen. Auf gefettetem Blech nochmals gehen lassen, mit dem verquirlten Eigelb bestreichen, 15–20 Minuten bei 190–200 °C backen, etwas abkühlen lassen und mit Zuckerglasur bestreichen.

Crailsheimer Horaffen. Das Gebäck in Form einer Drei oder eines runden W wird von Crailsheimer Bäckern auch aus anderen Teigarten, aus Zuckerschaum und aus Schokolade hergestellt.

Quittenkräpfle

500 g Mehl
1 Würfel Hefe
1 Prise Salz
2 Eier
100 g Butter
100 g Zucker
etwas Milch
Quittenmus

Aus den Zutaten einen Hefeteig zubereiten und gut gehen lassen, den Teig auswellen, Vierecke ausrädeln, einen Löffel Quittenmus daraufsetzen und die Vierecke an den Rändern mit Milch bestreichen, über Eck zusammendrükken und 15–20 Minuten bei 200 °C backen.
Variante: Kräpfle mit Apfelmus füllen.

Mirabellenschnitten

150 g Butter
150 g Zucker
1 Päckchen Vanillezucker
4 Eier
1 Prise Salz
Saft einer halben Zitrone
250 g Mehl
1 gestrichener Teelöffel Backpulver
900 g Mirabellen
Streusel
150 g Mehl
75 g Zucker
1 Päckchen Vanillezucker
100 g Butter

Einen Rührteig zubereiten und auf einem Kuchenboden gleichmäßig verteilen, die halbierten und entsteinten Mirabellen daraufgeben und die Streusel darüberstreuen. 30 Minuten bei 175–200 °C backen.

Schneckennudeln

Teig
500 g Mehl
1 Würfel Hefe
100 g Zucker
100 g Butter
1 halber Teelöffel Salz
abgeriebene Zitronenschale
1–2 Eier
0,25 l Milch
Füllung
60 g zerlassene Butter
2 Eßlöffel Zucker
1 Teelöffel Zimt
100 g Sultaninen
1–2 Eigelb
Zuckerguß
150 g Zucker
3 Eßlöffel Wasser

Aus den Zutaten für den Teig, jedoch nur mit der Hälfte der Butter, einen Hefeteig zubereiten und gut gehen lassen, 30 Minuten kühl stellen, dann die restliche Butter mit etwas Mehl verknetet, wie bei Blätterteig, in 3 bis 4 Touren einwellen. Auf bemehltem Backbrett einen 25 cm breiten Streifen auswellen, mit zerlassener Butter bestreichen, Zukker, Zimt und Sultaninen daraufstreuen und den Teig der Länge nach aufrollen. 2 cm breite Stücke abschneiden, mit einer Schnittfläche nach unten auf ein gefettetes Backblech setzen, gehen lassen, mit Eigelb bepinseln, bei mittlerer Hitze etwa 30 Minuten backen. Für den Guß Zucker und Wasser aufkochen, bis die Flüssigkeit glasklar ist und sich auf der Oberfläche eine Haut bildet. Sofort heiß mit dem Pinsel auf das noch warme Gebäck auftragen.
Andere Füllung:
250 g gemahlene Haselnüsse
1 Ei

Schneckenkuchen, nach dem Rezept von Schneckennudeln gebacken.

100 g Zucker
1 Eßlöffel Honig
1 Päckchen Vanillezucker
etwas Milch
Guß
Zitronensaft und Puderzucker

Die Schneckennudeln kann man auch in einer Kachel als Kuchen backen. Dazu schneidet man Stücke von etwa 5 cm Breite von der Rolle und setzt sie nebeneinander in die Form.

Airle

500 g Dörrpflaumen
750 g Mehl
250 g Margarine
100 g Schweineschmalz
75 g Sauerrahm
125 g Zucker
1 Prise Salz
3 Eier
1 Eßlöffel Rum
Schweineschmalz zum Ausbacken
1 Eßlöffel Essig

Die Dörrpflaumen mit etwas Wasser aufkochen und erkalten lassen, durch den Fleischwolf drehen und mit Rum mischen. Aus Mehl, Margarine, Schweinschmalz, Sauerrahm, Zucker, Salz und den Eiern einen Mürbteig herstellen (1 Eiweiß zurückbehalten) und kaltstellen. 3- bis 4mal wieder auswellen wie Blätterteig und immer wieder kaltstellen. Man kann den Teig auch schon am Vortag zubereiten. Am nächsten Tag den Teig auswellen und mit dem Teigrädle runde Plätzchen von etwa 12 cm Durchmesser ausrädeln. Auf jeden Teigfleck 2 Eßlöffel Pflaumenmasse geben, den Rand mit Eiweiß bestreichen und zu einer Tasche zusammenklappen, gut andrücken. In heißem Schweineschmalz, dem man 1 Eßlöffel Essig zugefügt hat, goldbraun ausbacken. Mit Puderzucker bestäubt zu Tisch bringen.

Sahnewaffeln

200 g Butter
100 g Zucker
1 Päckchen Vanillezucker
1 Prise Salz
150 g Mehl
150 g Speisestärke
250 g süße Sahne

Alle Zutaten zusammenrühren, so daß ein glatter Teig entsteht. In einem Waffeleisen 8 bis 10 Waffeln daraus backen und mit Kompott servieren.

Waffeln

500 g Mehl
6 Eier
4 Eßlöffel Öl
1 halbes Päckchen Backpulver
Milch
1 Prise Salz
1 Kaffeelöffel Zucker
Fett für das Waffeleisen

Eigelb, Zucker, Vanillezucker, Öl, Salz und Milch zu einem glatten Teig verrühren, das mit dem Backpulver gemischte Mehl dazugeben, den steifen Eischnee unterziehen. Das Waffeleisen wenig einfetten, einen Schöpflöffel voll Teig hineingeben und knusprig ausbakken. Dazu gibt es eingemachte Früchte, frisches Kompott oder Sahne.

Für Rosenküchle benötigt man ein Roseneisen. Es ist aus Blech gearbeitet und hat einen Metallstab mit Holzgriff.

Hefeschupfnudelküchle

500 g Mehl
250 g gekochte, geriebene Kartoffeln
30 g Hefe
80–100 g Butter
80–100 g Zucker
2 Eier
etwas Milch
abgeriebene Zitronenschale
Ausbackfett
Zimt und Zucker

Aus den Zutaten einen Hefeteig zubereiten, aufgehen lassen, den Teig auswellen, mit einem Glas runde Küchle ausstechen, in der Mitte ein kleines Loch mit dem Fingerhut ausstechen, so daß sich Ringle ergeben, nochmals kurz gehen lassen und dann in schwimmendem Fett von beiden Seiten schön braun ausbacken. Mit Zimt und Zucker oder mit Puderzucker bestäuben.

Rosenküchle

300 g Mehl
4–6 Eier
250 ml Milch
75 g Zucker
1 Päckchen Vanillezucker
Salz

Zum Backen wird ein spezielles Roseneisen benötigt (siehe Foto).

Aus den Zutaten einen Teig rühren. Fett in der Friteuse erhitzen, das Roseneisen erst in das heiße Fett, dann in den Teig und wieder ins Fett tauchen. Der am Eisen haftende Teig löst sich im Fett vom Eisen und geht stark auf. Braun gebacken werden die Küchle herausgenommen und mit Zucker bestreut.

Niederfalletküchle Ausgezogene Küchle

500 g Mehl
30 g Hefe
250 ml Milch
60 g Butter
60 g Zucker
2 Eier
1 Prise Salz
abgeriebene Zitronenschale
Ausbackfett

Aus Mehl und Hefe einen Vorteig machen, etwas gehen lassen, lauwarme Milch, Butter, Zucker, Eier, Salz und die Zitronenschale hinzufügen und einen glatten Teig daraus kneten, etwas gehen lassen, auf dem Backbrett auswellen (0,5–1 cm dick), mit einem Glas Kreise von etwa 8 cm Durchmesser ausstechen und gut gehen lassen. Die Küchle in der Mitte dünn ausziehen, ohne daß ein Loch entsteht. Außen soll ein 2 cm breiter Rand bleiben. Man gibt sie schwimmend in heißes Ausbackfett, gießt mit einem Eßlöffel heißes Fett über die Mitte, damit sie nicht einfallen und backt sie goldgelb. Nach dem Abtropfen mit Puderzucker oder mit Zucker und Zimt bestreuen.

Fasnetsküchle

500 g Mehl
1 Würfel Hefe
250 ml Milch
2 Eier
60 g Butter
50 g Zucker
1 Prise Salz
Ausbackfett
Zucker

Aus den Zutaten einen feinen, luftigen Hefeteig bereiten und gut gehen lassen. Dann den Teig aufs Brett nehmen, 1–2 cm dick auswellen und mit dem Teigrädle Rauten ausrädeln. Im heißen Fett ausbacken und warm mit Zucker bestreichen.

Ausgezogene Küchle (oben links) gab es früher nicht nur an Fasnacht, sondern auch als Ernteküchlein zur Sichelhenke (Seite 33).
Rechts die klassischen Fasnachtsküchle.

Schneeballen

125 g Butter
5 Eier
500 g Mehl
125 g Zucker
etwas Zimt
1 Gläschen Schnaps
Fett zum Ausbacken

Die Zutaten wie für einen Rührteig schaumig rühren, mit dem Mehl, das zuletzt untergearbeitet wird, zu einem geschmeidigen Teig verarbeiten. Portionen von 80 g abwiegen (je nach Größe des Schneeballeneisens) und diese dünn auswellen zu einer runden Scheibe. Mit dem Teigrädchen Schlitze in 1–1,5 cm Abstand rädeln, wobei der Rand ganz gelassen wird. Auf einen Rührlöffelstiel jeden zweiten Streifen auffassen und locker in ein Schneeballeneisen gleiten lassen. In nicht zu heißem Fett unter ständigem Drehen goldgelb backen, abtropfen lassen und mit Puderzucker bestäuben.

Zimtrollen

500 g Butter
750 g Mehl
5 Eier
1 Prise Salz
Ausbackfett
Zimt und Zucker

Alle Zutaten zu einem geschmeidigen Teig kneten, dünn auswellen, in Streifen schneiden, um die vorbereiteten Zimtrolleneisen wickeln, befestigen und in heißem Fett goldgelb backen, vom Eisen abstreifen und in Zimt- und Zukker-Gemisch wenden.

Feine Honiglebkuchen

750 g Bienenhonig
375 g Mandeln oder Haselnüsse
125 g Zitronat
125 g Orangeat
30 g Zimt
je 1 Prise Muskat und Nelken
875 g Mehl
375 g Zucker
1 gute Messerspitze Pottasche
1 Likörglas Kirschwasser
Zuckerglasur

In 125 g Zucker die Mandeln goldgelb anrösten, den restlichen Zucker mit dem Honig aufkochen, Mandeln, Zitronat, Orangeat und die Gewürze zufügen, in die erkaltete Masse das Mehl und die im Kirschwasser aufgelöste Pottasche zugeben. Den Teig auf einem vorbereiteten Backblech auswellen, über Nacht stehen lassen, dann in gut heißem Ofen backen, noch warm in Rechtecke schneiden und mit Zuckerglasur überziehen.

Springerle

500 g Mehl
500 g Zucker
4 Eier
1 Messerspitze Hirschhornsalz
Anis

Eiweiß steif schlagen, dann mit dem Zucker und dem Eigelb mischen und etwa 30 Minuten rühren, bis sich der Zucker ganz aufgelöst hat. Das mit dem Hirschhornsalz gemischte Mehl nach und nach darunter rühren und

Schneeballen.

Springerleformen.

den Teig kneten, bis er ganz geschmeidig ist. 1 Stunde kaltstellen, dann vom Teig jeweils eine kleine Menge auswellen und in ein mit Mehl ausgestreutes Springerlemodel eindrücken, den überstehenden Teig abschneiden und auf ein mit Butter bestrichenes, mit Anis bestreutes Backblech legen, über Nacht stehen lassen. Am nächsten Tag bei 160 °C, bei wenig geöffneter Backofentür etwa 20 Minuten backen, danach bei geschlossener Tür weitere 20 Minuten fertig backen. Die Oberseite soll weiß bleiben und die Füßle goldgelb gebacken sein. Schon wenigstens vier Wochen vor Weihnachten backen und in einer Blechdose an einem kühlen Ort aufbewahren, damit die Springerle weich werden.

Ausstecherle

250 g Mehl
125 g Butter
125 g Zucker
4 Eigelb
abgeriebene Zitronenschale
1 Prise Salz

Aus den Zutaten einen Mürbteig herstellen, kalt stellen, dann auswellen und verschiedene Formen ausstechen. Die Oberfläche mit Eigelb bepinseln und mit Mandeln, Hagelzucker, kandierten Früchten, bunten Perlchen oder nach dem Backen mit Zuckerglasur verzieren. Bei mittlerer Hitze hellgelb backen.

Grundrezept salziger Hefeteig

200 g Mehl
1 halber Würfel Hefe
2 Eßlöffel Öl
100 ml Milch
1 Ei
1 halber Teelöffel Salz
etwas Zucker

Etwas Mehl in eine Schüssel sieben, in die Mitte eine Vertiefung drücken und darin die Hefe mit der leicht erwärmten Milch und etwas Zucker zu einem glatten Vorteig anrühren. Die Schüssel mit einem Tuch abdecken und den Vorteig an einem warmen Ort gehenlassen. Die restlichen Zutaten dazugeben und das Mehl unter den Teig kneten, weiterkneten, bis sich der Teig von der Schüssel und von den Händen löst. Den Teig nochmals gehenlassen und dann weiterverarbeiten.

Rezepte dazu auf den folgenden Seiten.

Lauchkuchen

Grundrezept salziger Hefeteig
Belag
2 große Stangen Lauch
50 g Butter
1 Eßlöffel Mehl
125 g gekochter Schinken
200 g Käse
200 ml Sahne
4 Eier
Salz, Pfeffer, Muskat
etwas Fett zum Ausstreichen der Form

Salzigen Hefeteig vorbereiten. Lauch waschen und in Streifen schneiden, gut abtropfen lassen. Die Butter in einem Topf erhitzen und den Lauch darin glasig dünsten, mit Mehl bestäuben und unterziehen. Den Topf vom Herd nehmen, Schinken, Sahne und die Eigelb dazugeben und zum Schluß den grob geriebenen Käse unterziehen. Die Masse gut abschmecken. Eine Springform einfetten und den Backofen auf 200 °C vorheizen. Den Teig in den Maßen der Springform einschließlich Rand auswellen und die Form damit auskleiden. Die Eiweiß zu sehr steifem Schnee schlagen und unter die Lauchmasse heben. Die Lauchmasse auf dem Teig verteilen und im Backofen etwa 45 Minuten backen. Warm servieren.

Der Lauch kann auch durch viele andere Gemüsearten ersetzt werden.

Zwiebelplootz

Grundrezept salziger Hefeteig
Füllung
500 g kleingeschnittene Zwiebeln
40 g Fett
100 g geräuchter Speck
1 Becher Sauerrahm
50 g Mehl
2 Eier
1 Prise Salz
1 Eßlöffel Kümmel

Einen Hefeteig zubereiten, gehen lassen und ein Backblech damit auslegen. Speckwürfel im Fett anbraten, Zwiebeln dazugeben und glasig dünsten, auf dem Teig verteilen. Sauerrahm, Mehl, Eier und Salz verrühren und darübergießen, mit Kümmel bestreuen, bei 180 °C etwa 25–30 Minuten backen und warm servieren.

Schwäbischer Zwiebelkuchen

Hefeteig
375 g Mehl
20 g Hefe
1 Teelöffel Zucker
50 g Butter
125 ml lauwarme Milch
1 Ei
Salz, Pfeffer
3–4 Eßlöffel Semmelmehl
Belag
750 g Zwiebeln
30 g Schweineschmalz oder Butter
40 g Rauchfleisch
60 g Mehl
3 Eier
250 ml Sauerrahm
1 Teelöffel Salz
1 Teelöffel Kümmel

Hefeteig herstellen und gehen lassen. Zwiebeln fein schneiden und im Fett glasig dünsten, Rauchfleisch in Würfel schneiden und goldgelb anbraten. Eier, Sahne, Salz, Kümmel und Mehl verrühren, Zwiebeln und Rauchfleisch zugeben. Teig ausrollen und ein gefettetes Backblech damit belegen, ringsum einen niedrigen Rand formen. Teigplatte mit Semmelmehl bestreuen und nochmals gehen lassen, Belag darauf verteilen und bei 200 °C 35–45 Minuten backen und heiß servieren.

Käsewähe

Grundrezept salziger Hefeteig
Belag
200 g Schinken
120 g geriebener Emmentaler Käse
400 g süße Sahne
2 Eier
3 Eßlöffel Milch
Salz, Pfeffer, Muskat
etwas Fett für das Blech

Den Hefeteig zubereiten und gehen lassen. Den Schinken in feine Streifen schneiden. Den Hefeteig in der Größe der Form auswellen und einen Rand hochziehen, gut festdrücken. Auf dem Teigboden den Schinken verteilen. Eier, Käse, Sahne und Milch gut miteinander verrühren, mit den Gewürzen abschmecken und auf den Teigboden gießen. Den Backofen auf 225 °C vorheizen und die Käsewähe in etwa 40 Minuten goldbraun backen. Warm servieren.

Kartoffelkuchen

Grundrezept salziger Hefeteig
Belag
6–8 gekochte Kartoffeln
4–5 Eier
250 ml Sauerrahm
1 Eßlöffel Mehl
Salz, Pfeffer, Muskat, Kümmel
Guß
125 ml süße Sahne
1 Eigelb
etwas Fett für die Form

Salzigen Hefeteig vorbereiten und gehen lassen. Kartoffeln schälen, erkalten lassen und reiben, mit den restlichen Zutaten mischen, mit den Gewürzen gut abschmecken. Die Backform einfetten, den Teig in den Maßen der Form einschließlich Rand auswellen und die Form damit auskleiden. Die Kartoffelmasse auf dem Teigboden verteilen und glattstreichen. Sahne mit dem Eigelb verrühren und über die Kartoffelmasse gießen. Den Kuchen 40 Minuten backen und heiß servieren.

Speckkuchen

Grundrezept salziger Hefeteig
Belag
500 ml Milch
50 g Mehl
80 g Speck
1 Eßlöffel Mehl
3 Eier
Salz, Kümmel
etwas Fett für das Backblech

Salzigen Hefeteig vorbereiten und gehen lassen. Für den Belag die Milch in einem Topf zum Kochen bringen, das Mehl einstreuen und einen Brei kochen. Diesen etwas abkühlen lassen und die Eier einzeln unterrühren, mit Salz abschmecken. Den Hefeteig auf dem gefetteten Blech auswellen und den erkalteten Brei daraufstreichen. Den Speck in Würfel schneiden, in Mehl wenden und auf den Brei streuen, ebenso den Kümmel. Den Backofen auf 200 °C vorheizen und den Kuchen etwa 30 Minuten goldgelb backen, warm servieren.

Zelta oder Dinnete

Teig
250 g Mehl
20 g Hefe
125 ml lauwarmes Wasser
Salz
Belag
40 g Butter
75 g Sauerrahm
1 Eßlöffel Mehl
1 Zwiebel
1 Bund Schnittlauch
etwas Kümmel
150 g Speckwürfel
250 g Gemüsereste wie Lauch, Tomaten, Kraut
etwas Fett für das Blech

Hefeteig zubereiten und gehen lassen, in zwei Teile teilen und jedes Teil rund auswellen. Mit der Hand von innen nach außen ziehen, so daß die Mitte dünner wird, Teigstücke auf ein gefettetes Backblech legen. Aus Butter, Sauerrahm und Mehl ein Teigle zubereiten, auf die runden Teigplatten verteilen, mit in Scheiben geschnittenen Zwiebeln, Schnittlauch, Speckwürfeln und kleingeschnittenen Gemüseresten belegen. Backofen auf 225 °C vorheizen und 15–20 Minuten backen, warm servieren.

Rahmkuchen

Grundrezept salziger Hefeteig
Belag
300 g Sauerrahm
100 g Quark
1 Eßlöffel Mehl
1 Ei
Salz, Pfeffer
1 Zwiebel
1 Bund Schnittlauch
etwas Fett für die Form

Salzigen Hefeteig vorbereiten und gehen lassen, Zwiebel und Schnittlauch klein schneiden. Alle Zutaten gut miteinander verrühren. Die Form einfetten, den Teig auswellen und die Form damit auskleiden und einen Rand hochziehen. Die Masse auf dem Teigboden verteilen und im vorgeheizten Backofen bei 225 °C goldbraun backen und warm servieren.

Krautkuchen

Grundrezept salziger Hefeteig
Belag
30 g Butter
60 g durchwachsener Speck
500 g Weißkraut
125 ml Sauerrahm
2 Eier
Salz, Kümmel
etwas Fett für die Form

Salzigen Hefeteig vorbereiten und gehen lassen. Weißkraut fein hobeln und in der Butter andünsten. Speck in feine Streifen schneiden und im Kraut glasig werden lassen. Die Masse abkühlen lassen. Backform einfetten. Hefeteig auswellen und die Form damit auslegen. Backofen auf 200 °C vorheizen, Sauerrahm, Eier und Gewürze gut miteinander verrühren und die erkaltete Krautmasse unterheben, auf dem Teig verteilen und im Backofen 30–35 Minuten backen. Warm servieren.

Gutes zum Vesper

Luggeleskäs

2 l nicht entrahmte, frische Vollmilch
Sauerrahm
Milch
Salz
Zwiebeln
Kümmel
Schnittlauch nach Wahl

Die Milch in einen Steinguttopf geben und an einem warmen Ort stehenlassen, damit sie sauer wird. Saure Milch in einen Topf geben und erhitzen, nicht kochen lassen. Danach auf ein Sieb oder in ein Tuch schütten und die Molke gut abtropfen lassen. Den so gewonnenen Käse nach Belieben würzen und mit den oben genannten Zutaten anmachen.

Angemachter Käse

1 Kegel Kräuterkäse (Zieger)
1 Eßlöffel Sauerrahm
100 g Butter
Schnittlauch

Den Käse reiben und mit Butter, Sauerrahm und Schnittlauch zu einer streichfähigen Creme rühren.

Griebenschmalz

500 g frischen Speck
etwas Milch oder Wasser
1 Zwiebel
1 Apfel
1 rohe Kartoffel
etwas Salz

Den Speck in kleine Würfel schneiden und einige Zeit wässern, mit wenig Milch oder Wasser auf schwachem Feuer auskochen lassen, bis die Grieben gebräunt sind. Einen Teil des Fetts über ein Sieb abgießen und (ohne Grieben) zum Kochen verwenden. Das übrige Griebenfett mit fein geschnittener Zwiebel klein geschnittenem Apfel und nach Belieben einer geschälten rohen Kartoffel fertig auslassen. Die Kartoffel nach dem Auslassen entfernen, etwas Salz zugeben und das Schmalz in einen Steintopf geben, während des Erkaltens oft umrühren, damit sich die Grieben nicht unten absetzen. An einem kühlen Ort aufbewahren.

Wurstsalat

500 g Schinkenwurst oder Bierschinken
5 Eßlöffel milder Essig
etwas Wasser
1 große Zwiebel
Salz, Pfeffer
Senf
1 Teelöffel Zucker

Die Wurst in dünne Scheiben und dann in Ecken oder Streifen schneiden. Aus den übrigen Zutaten eine Marinade rühren und über die Wurst gießen.

Sauere Milch, für Luggeleskäs zum Abtropfen aufgehängt.

Tellersülze

1–2 Schweins- oder Kalbsfüße
500 g Kalbsknochen
500 g geräuchter Schweinehals
2 l Wasser
1 Petersilienwurzel
1 Karotte
1 Stück Sellerie
1 Zwiebel
1 Lorbeerblatt
4 Nelken und Pfefferkörner
125 ml Weißwein
klären
2 Eiweiß
Einlage
2 Tomaten
Essiggurken
2 hart gekochte Eier

Fleisch und Knochen mit dem Suppengemüse und den Gewürzen 2 Stunden kochen, beim Aufkochen abschäumen. Nach dem Kochen über ein feines Sieb oder durch ein Tuch abgießen und die Brühe erkalten lassen. Dann das harte Fett entfernen, Brühe nochmals aufkochen und abschmecken, mit Eiweiß klären. Von der abgekühlten, aber nicht erkalteten Brühe einen Spiegel in einige Suppenteller geben. Das vom Knochen gelöste Fleisch der Füßchen und in dünne Scheiben geschnittenen Schweinehals in die Teller verteilen, mit Tomaten-, Gurken- und Eierscheiben schön belegen und die Brühe darüber gießen, bis alles bedeckt ist. Kalt stellen und stocken lassen.

Schwartenmagen, Wurstsalat und Ochsenmaulsalat ergeben ein herzhaftes Vesper (oben). Zum Abgebräunten Fleischkäs' (vom Metzger) gehört Kartoffelsalat.

Laugenweckle

2 kg Mehl
2 Würfel Hefe
1 Teelöffel Zucker
1 Eßlöffel Salz
200 g Margarine
4 gestrichene Teelöffel Malz
125 ml lauwarme Milch
Brezellauge vom Bäcker

Aus den Zutaten einen schönen, geschmeidigen Hefeteig herstellen und zugedeckt gehen lassen, kleine Weckle ausformen und auf dem Backbrett nochmals gehen lassen. 1 Teil Brezellauge mit 7 Teilen Wasser mischen. Die Weckle darin eintauchen, mit dem Schaumlöffel herausholen und auf das mit Backpapier ausgelegte Backblech legen. (Gabeln zu Hilfe nehmen, nicht mit bloßen Fingern arbeiten.) Die Weckle mit einem scharfen Messer kreuzweise einschneiden und mit grobem Salz bestreuen. Bei 175 °C zu schöner, brauner Farbe backen. Als Vorrat kann man sie lauwarm in Beutel verpacken und einfrieren. Bei Bedarf die gefrorenen Weckle bei 175 °C 15 Minuten aufbacken.

Ochsenmaulsalat

300 g gekochtes Ochsenmaul in feine Scheiben geschnitten
1 Zwiebel
3 Eßlöffel milder Essig
1 Eßlöffel Öl
Salz und Pfeffer

Ochsenmaul aus der Schlachtung in Salzwasser weich kochen, noch warm von Knochen und Knorpel befreien und ganz dünn aufschneiden. Fertig gekochtes und geschnittenes Ochsenmaul gibt es auch beim Metzger zu kaufen. Es muß nur noch angemacht werden.

Laugenbrezel und Laugenweckle zusammen mit anderen Brotsorten.

Saurer Käs

200 g Schinkenwurst
200 g Schwarze Wurst (Blutwurst)
200 g Emmentaler Käse
2 Zwiebeln
Essig, Öl, Senf
Salz und Pfeffer

Wurst und Käse in lange, dünne Streifen, die Zwiebel in feine Ringe schneiden. Essig und Öl mit den Gewürzen verrühren und über die geschnittenen Zutaten geben.

Eingelegt und eingekocht, Rezepte für die Vorratshaltung

Salzgurken

120 kleine Gurken
1 l Wasser
40 g Salz
Weinblätter
Estragon
Dill
Lorbeerblätter
Pfefferkörner
0,25 l Essig

Die Gurken werden 12–18 Stunden in kaltes Wasser gelegt, abgebürstet und abgetrocknet. Wasser mit Salz und Essig aufkochen und erkalten lassen. Die Gurken mit den übrigen Zutaten schichtweise in ein Fäßchen oder Steingutgefäß legen, das Salzwasser darüber gießen, mit einem Brett oder einem Porzellanteller beschweren und im kühlen Keller aufbewahren.

Gurken süß-sauer

1000 g Gemüsegurken
500 g Zucker
0,25 l Essig
0,25 l Wasser
1 Stange Zimt
4 Nelken

Die Gurken schälen und halbieren, die Kerne mit einem Silberlöffel herausnehmen und wegwerfen, die Gurken in 1 cm breite Stücke schneiden. Die Schnitze werden mit dem Essig und dem Wasser halb weich gekocht, abgeseiht und über Nacht in einer Porzellanschüssel kalt gestellt. Am anderen Tag kocht man das abgesiebte Essigwasser mit dem Zucker und den Gewürzen auf, kocht die Gurken darin nicht zu weich, füllt sie in Gläser oder Steinguttöpfe und gibt den Sud darüber. Manchmal ist es notwendig, den Saft wenige Tage später noch dicker einzukochen, den Kochvorgang also zu wiederholen. Wenn die Gurken erkaltet sind, bindet man die Gläser zu.

Auf die gleiche Weise kann man auch Kürbis, Melonen oder Aprikosen einlegen. Süß-saures Gemüse schmeckt gut zu Siedfleisch, Rauchfleisch oder Schäufele.

Grün eingelegte Tomaten

500 g unreife Tomaten
375 g Zucker
0,5 l Weinessig
1 Messerspitze Ingwerpulver oder
1 Stückchen Ingwerwurzel
10 weiße Pfefferkörner
1 Teelöffel Zimt

Kleine grüne Tomaten in Wasser kurz weichkochen, mit dem Schaumlöffel herausnehmen, in eine Schüssel geben, mit dem Weinessig übergießen und über Nacht stehen lassen. Am anderen Tag die Tomaten abtropfen lassen, den Essig mit dem Zucker und den Gewürzen aufkochen, die Früchte hinzufügen, eine Zeitlang darin ziehen lassen, in Gläser füllen und zubinden. Ist der Saft noch zu dünn, etwas einkochen lassen und wieder über die Tomaten geben.

Zwetschgen in Essig

2000 g Zwetschgen
750 g Zucker
0,5 l Weinessig
10 g Zimt
4 g Nelken

Die gut gewaschenen und verlesenen Zwetschgen werden mehrmals mit einem Hölzchen angestochen. Essig, Zukker und die Gewürze aufkochen, über die Früchte gießen und über Nacht stehen lassen. Am nächsten Tag den Saft von den Früchten absieben, nochmals aufkochen, eindicken lassen und heiß über die Zwetschgen gießen. Den Vorgang am dritten Tag nochmals wiederholen, die Früchte in Gläser oder Steintöpfe füllen und zubinden.

Zwetschgenmus

1500 g Zwetschgen
500 g Gelierzucker
Saft von einer halben Zitrone
1 Teelöffel Zimt

Zwetschgen entsteinen, mit dem Zukker und den Gewürzen in eine Schüssel geben und gut verrühren. In die Bratpfanne des Backofens geben und bei 180 °C 2 Stunden im Backofen einkochen lassen. Ab und zu umrühren. Wenn das Mus fertig ist, in einen Topf füllen und nochmals 1 Minute durchrühren. In Gläser oder Steintöpfe füllen und zubinden.

Eingelegte Sauerkirschen

500 g entsteinte Sauerkirschen
375 g Zucker
1 Glas Kirschwasser

Den Zucker im Kirschwasser auflösen und gut verrühren, über die Kirschen geben und an einem kalten Ort mindestens 6 Tage stehenlassen und täglich einmal umrühren. In Gläsern luftdicht verschließen, nicht zu lange aufheben, da nur begrenzt haltbar. Als Beilage zu Rind- und Ochsenfleisch gut geeignet.

Apfel- oder Quittengelee

4 kg Äpfel oder Quitten
2 kg Zucker
125 ml Weißwein
Saft einer Zitrone

Die Früchte sauber waschen, Blüte und Stiel entfernen und in Schnitze schneiden, diese im Dampfentsafter entsaften. Auf 1 l Saft 1000 g Zucker geben, mit Wein und Zitronensaft aufkochen, Geleeprobe machen, in Gläser füllen und zubinden oder mit Schraubdeckel verschließen.

Rumtopf

Beliebige Früchte aus dem Garten
1 Flasche Rum
125 g Zucker auf 125 g Frucht

Mit dem Einlegen beginnen, sobald die Erdbeeren reif sind. Einen Steintopf oder besser ein gut schließendes großes Glas vorbereiten, das dicht verschlossen werden kann, da das Gefäß öfter geschüttelt werden muß. Von jeder Obst-

sorte 125 g mit 125 g Zucker mischen, in den Rumtopf geben und soviel Rum nachgießen, daß die Früchte bedeckt sind. Es eignen sich Kirschen, Himbeeren, geschälte Zwetschgen, Aprikosen und Pfirsiche, jeweils mit dem gleichen Gewicht Zucker. Birnen vorher andünsten. Durch vorsichtiges Umrühren dafür sorgen, daß sich der Zucker vollständig auflöst. An einen dunklen und kühlen Ort stellen. Gut als Beigabe zu Pfitzauf, Vanille-Eis oder Vanillepudding.

Hägenmarkgsälz

500 g Hägenmark
500 g Zucker
ein kleines Gläschen Wein

Die Hagebutten halbieren und die Kernchen sorgfältig entfernen. Die Früchte mit dem Fleischwolf oder im Mixer zerkleinern, durch ein Sieb streichen und mit dem Zucker aufkochen. Das Gläschen Wein zufügen, nicht mehr durchkochen, sondern nur bis kurz vor dem Kochen kommen lassen, da das Gsälz sonst seine schöne rote Farbe verliert. In Gläser füllen, mit Alkoholpapier bedecken und zubinden.

Einfacher ist es, das frische Hägenmark auf einem Wochenmarkt zu kaufen. Es wird im Schwäbischen im Oktober und November in vielen Orten angeboten. Das Mark muß dann nur mit der gleichen Menge Zucker aufgekocht und in Gläser abgefüllt werden.

Schlehenlikör

1 l Cognac oder Wodka
350 g Schlehenfrüchte
175 g weißer Kandis

Die Schlehen nach dem ersten Frost sammeln oder, wenn früher gesammelt, nach gründlichem Waschen und Abtrocknen in die Tiefkühltruhe legen. Nach ein paar Tagen in eine schöne Literflasche geben, den Kandis zufügen, den Alkohol dazugießen. Die Flasche gut verschließen und mindestens 3 Monate im dunklen Keller aufbewahren, öfter durchschütteln.

Johannisbeerlikör

100 g Johannisbeeren,
zwei Drittel rote und ein Drittel schwarze
1 l Weingeist
4 g Nelken
450 g Zucker auf 1 l Saft
0,33 l destilliertes Wasser

Die Beeren werden zerquetscht, Weingeist und Nelken zugegeben und 3 bis 4 Wochen in einer Korbflasche in die Sonne gestellt. Dann die Beeren auf einen Filtriersack gießen und auspressen. Den Saft messen, 0,33 l destilliertes Wasser zu 1 l Saft und 450 g Zucker, im Wasser aufgelöst, zusammenmischen, nochmals filtrieren, in Flaschen füllen und gut luftdicht verschließen.

Ein gut gefülltes Vorratsregal mit Eingelegtem und Eingewecktem ist der Stolz jeder Hausfrau.

Verzeichnis der Einsenderinnen und Einsender

Erika Bauknecht, Ehningen
Elfriede Bentz, Ludwigsburg
Gertrud Birk, Hengstfeld
Irmgard Bock, Unterschneidheim
Ingrid Brenner, Neresheim
Elfriede Breuninger, Steinbach-Künzelsau
Sonja Breuninger, Ilshofen
Doris Dürr, Rot am See
Maria Edel, Staig
Amanda Ernst, Helmstadt-Bargen
Gudrun Forstner, Güglingen
Helene Gebert, Neuenstein-Eschelbach
Klara Gerlach, Ehningen
Marion Gneiting, Frickenhausen
Brigit Gölder, Crailsheim-Erkenbrechtshausen
Martha Groß, Blaufelden-Heufelwinden
Ilse Günther, Neuweiler
Waltraud Haas, Ottenbach
Margret Habel, Weikersheim/Neubronn
Gisela Hartmann, Sindringen
Annette Heinkel, Beimerstetten-Eiselau
Birgit Heß, Fellbach
Inge Heß, Fellbach
Anna Joos, Nattheim-Fleinheim
Hedwig König, Ehningen
Berit Krauter, Untermünkh.-Haagen
Hannelore Löchner, Friedrichsruhe
Ursula Mann, Ilshofen/Großstadel
Gretel Medinger, Kernen
Magdalena Monninger, Gemmingen
Susanne Niclas, Rot am See
Gerlinde Olbrich, Sindringen
Maria Oswald, Böhmenkirch
Heide Pfisterer, Enzweihingen
Johanna Preiß, Asselfingen
Doris Renninger, Ditzingen
Beate und Lore Rügner, Heilbronn-Klingenberg
Lotte Ruoff, Leinfelden-Echterdingen
Annemarie Sauter, Oberderdingen
Tanja Schaible, Rötenbach
Beate Schlayer, Bondorf
Anna Schneider, Schnürpflingen
Inge Sickinger, Rot am See
Elsbeth Stapf, Kirchberg/Jagst-Dörrmenz
Helene Stöffler, Althengstett
Anita und Michael Stumpp, Oberderdingen
Barbara Türk, Wettingen
Ruth Weiblen, Metzingen-Neuhausen
Erna Weimer, Gäufelden
Regina Weinmann, Wolpertshausen-Cröffelbach
Diana Widmann, Ehningen
Elke Wiedenmann, Herbrechtingen-Hausen
Alma und Günter Wittmann, Ebersbach/Roßwälden
Gisela Ziegler, Geislingen/Steige-Weiler
Anna Ziller, Böhmenkirch

Die Deutsche Bibliothek – CIP-Einheitsaufnahme

Heinrich, Brigitte:
Landfrauen kochen : Traditionsrezepte aus Württemberg /
Brigitte Heinrich. 53 Farbfotos von Erich Kuch. – Stuttgart :
Ulmer, 1995
(Ulmer-Taschenbuch ; 64)
ISBN 3-8001-6839-1
NE: Kuch, Erich [Ill.]; GT

Wollgrasweg 41, 70599 Stuttgart (Hohenheim)
Printed in Germany
Redaktion Rezepte: Luise Commerell
Lektorat: Ingeborg Ulmer
Herstellung: Steffen Meier
Satz: Typomedia, Ostfildern
Druck und Bindung: Georg Appl, Wemding

Rezeptverzeichnis

Fett gedruckte Seitenzahlen verweisen auf eine Abbildung.